Stefanie Sohr

111 Orte
auf St. Pauli,
die man gesehen
haben muss

Mit Fotografien von Volko Lienhardt

emons:

Bibliographische Informationen der Deutschen Nationalbibliothek
Die Deutsche Nationalbibliothek verzeichnet diese Publikation
in der Deutschen Nationalbibliografie; detaillierte bibliografische
Daten sind im Internet über http://dnb.d-nb.e abrufbar.

© Emons Verlag GmbH
Alle Rechte vorbehalten
© der Fotografien: Volko Lienhardt
© Covermotiv: shutterstock.com/local_doctor
Layout: Eva Kraskes, nach einem Konzept
von Lübbeke | Naumann | Thoben
Kartografie: altancicek.design, www.altancicek.de
Kartenbasisinformationen aus Openstreetmap,
© OpenStreetMap-Mitwirkende, ODbL
Druck und Bindung: CPI – Clausen & Bosse, Leck
Printed in Germany 2019
ISBN 978-3-7408-0685-9
Originalausgabe

Unser Newsletter informiert Sie
regelmäßig über Neues von emons:
Kostenlos bestellen unter
www.emons-verlag.de

Vorwort

Sie sei nicht schön gewesen, sondern schlimmer, hat Domenica einmal dem Fotografen Günter Zint verraten. Und damit unterstrichen, warum sie die Königin von St. Pauli war, diesem Viertel, das eigentlich ein Dorf ist, aber international gesehen fast bekannter als die dazugehörige Stadt.

St. Pauli ist ein Mythos, ist ein Moloch, ist eine Provinzbühne. St. Pauli stinkt. Und schillert in den buntesten Farben. Auf St. Pauli krachen Welten aufeinander und Existenzen zusammen. Hier haut das Elend ins Auge, das Liebesabenteuer ins Geld und der Spießer mal so richtig auf die Pauke. St. Pauli wird geliebt und geächtet, romantisiert und kriminalisiert, wieder und wieder totgesagt, zerstört und neu erfunden. In einem ewigen Kreislauf. Es war schon immer so. Gehört alles zur DNA rund um »die sündigste Meile der Welt«. Genau wie die wehmütige Weise vom »alten« St. Pauli, die häufig wohl mehr die eigene schwindende Jugend meint.

Denn das alte Pauli hat es ja nie wirklich gegeben. Napoleon ließ es niederbrennen, bevor es auch nur erwachsen werden konnte. Pest und Cholera rafften seine Einwohner dahin. Die Weltwirtschaftskrise kratzte den Lack ab. Nazis nahmen dem Viertel die Seele. Es versank im Bombenhagel des Zweiten Weltkriegs. Senatoren gaben es dem Abriss preis. Aktuell wird es von Investoren verraten und verkauft.

Doch dem speziellen Talent der St. Paulianer, noch die größte Zumutung in ein Privileg umzudeuten, ist nicht so einfach beizukommen. Überall formiert sich Widerstand, entstehen neue Nischen und Impulse, werden Traditionen verteidigt, wiederbelebt oder neu begründet. Derweil läuft der Menschenhandel auf Hochtouren. Leben ganz normale Menschen ein ganz normales Leben. Werden Drogen von einer Hand zur anderen gereicht. Pfeift der Tourist auf alles, was sich schickt, und der Obdachlose aus dem letzten Loch.

Es gibt keinen Grund, St. Pauli zu verklären oder eine Mütze mit Ankern zu besticken. St. Pauli ist nicht schön. St. Pauli ist schlimmer.

111 Orte

1 — Abyss
Abgründe im Auge der Betrachter | 10

2 — Die Adirondack Chairs
Und alles, alles wandelt sich | 12

3 — Das Alkazar
Der Traum ist aus | 14

4 — Der Alte Elbpark
Unter dem weltgrößten Bismarck-Denkmal | 16

5 — Die Älteste Tätowierstube
Gestochen scharf | 18

6 — Der Arbeitsweg
Auf den Spuren der größten Band aller Zeiten | 20

7 — Ars Japonica
Die kleine Kostbarkeit der Mizuki Wildenhahn | 22

8 — Die Astra-Sudpfanne
Reine Geschmacksache | 24

9 — Die Aussichtsterrasse
For Members only | 26

10 — Die Barkasse Hedi
Schaukeln statt schunkeln | 28

11 — Der Baui
Freiraum für den Nachwuchs | 30

12 — Die Begräbniskapelle
Was vom Megafriedhof übrig blieb | 32

13 — Die Bernie
Verhindern wir das Verschwinden unserer Welt | 34

14 — Das Bunny Burlesque
Babydoll der Jones-Familie | 36

15 — Der CCH-Komplex
Erster. Größter. Längster. | 38

16 — Das Chinesenviertel
Der Stolperstein des Woo Lie Kien | 40

17 — Crazy Horst
Steck 'nen Euro in die Jukebox, Baby! | 42

18 — Das Docks & die Prinzenbar
Licht. Spiel. House. | 44

19 Die Docks
(Rück-)Blick auf die größte Werft der Welt | 46

20 Der Dokumentarfilmsalon
Jeden zweiten Dienstag im B-Movie | 48

21 Domenicas Balkon
Die letzten Tage der Königin | 50

22 Die Domschänke
Gegenüber den Feldern, die die Welt bedeuten | 52

23 Die Ecke, an der Semra Ertan starb
Gedenken braucht einen Ort | 54

24 Das ehemalige Eros-Center
Die im Dunkeln sieht man nicht | 56

25 Die ehemalige Gewerbeschule
Come, Mr. Tally Man, tally me St. Pauli | 58

26 Das Erotic Art Museum
Kopfüber ins Kunstvergnügen | 60

27 Der Fernsehturm
Wo sich Hamburg im Kreis dreht(e) | 62

28 Das Festivalgelände
Hier spielt die Musik | 64

29 Fischgroßhandel Petersen
Fisch ist nicht Wurst | 66

30 Der Flaggschiffladen
Willkommen in Freak City | 68

31 Der Fleischgroßmarkt
Rund um den Meatpacking District | 70

32 Friseur Pepi
Der Figaro von St. Pauli | 72

33 Die Galerie der Schlumper
Ein glücklicher Zufall | 74

34 Der Garten von Bethlehem
Wo man sich zu benehmen weiß | 76

35 Der Gebrüder-Wolf-Platz
Wo keen Jung mit'm Tüdelband steiht | 78

36 Die Geldautomaten
Nur Bares ist Wahres | 80

37 Der Goldene Handschuh
Ein Großstadtroman | 82

38 Der Haartreff
Das wirklich wahre St. Pauli | 84

39 —— Die HADAG-Fähren
Auf den Wellen, die das Tor zur Welt bedeuten | 86

40 —— Hagenbecks Geburtshaus
Antjes Ahnen | 88

41 —— Der Hamburger Dom
Auf Deutschlands längstem Volksfest | 90

42 —— Das Hans-Albers-Denkmal
Eine billige Kopie | 92

43 —— Die Hanseplatte
Support your local Plattenladen | 94

44 —— Das Heiligengeistfeld
Platz ohne Dom | 96

45 —— Die Heilsarmee
Wo die Not besonders groß ist | 98

46 —— Der Hein-Köllisch-Platz
Heiter bis anarchisch | 100

47 —— Die Heinestraße
Undank ist der Hanseaten Lohn | 102

48 —— Das Heinrich-Heckel-Haus
Und wer hat's erfunden? Die Hamburger! | 104

49 —— Das Hier & Jetzt
Über den Rand der Legalität hinaus | 106

50 —— Der Hilldegarden
Die Zukunft ist grün. Vielleicht. | 108

51 —— Der Himmel über der Elbe
Abends am Fluss | 110

52 —— Die Hong Kong Bar
Fiesta Mexikaner | 112

53 —— Die Ikonostase
Kirche des Hl. Johannes von Kronstadt zu Hamburg | 114

54 —— Die Israelitische Töchterschule
Die Letzte macht die Tür auf | 116

55 —— Die Juwelengasse
Hinter den Fenstern der Schmuckstraße | 118

56 —— Die kaiserliche Klasse
Draußen vor der Tür | 120

57 —— Die Kampstraße
Durchgang nur für Schlachter | 122

58 —— Die Karolinenpassage
Von Terrassen und Passagen, Buden und Sahlhäusern | 124

59 Die Kersten-Miles-Brücke
Von Bürgermeistern und Piraten | 126

60 Konditorei Rönnfeld
Süße Versuchungen | 128

61 Die Krypta St. Joseph
Memento mori im Partygewühl | 130

62 Das Kugeldenkmal
Gründlich ruiniert | 132

63 Landungsbrücke 8
Wo niemals ein Tourist hinfindet | 134

64 Das Leuchtfeuer
Weil der Tod zum Leben gehört | 136

65 Die Madonna der Meere
Ein letzter Gruß der Cap Horniers | 138

66 Die Medienfassade
Wo Schatten ist, da ist auch Licht | 140

67 Das Millerntor-Stadion
Im Freudenhaus der Liga | 142

68 Die Millerntorwache
Museum für Hamburger Geschichtchen | 144

69 Die Modelleisenbahn
Maximalwunderland | 146

70 Die Möwe Sturzflug
Das wird ja immer besser | 148

71 Der Nachthafen
So was gab es ja früher gar nicht | 150

72 Der Nachtmarkt
Am Freiluft-Buffet | 152

73 Das Nichts dahinter
Alles Fassade | 154

74 Das Nil
Alles im Fluss | 156

75 Der Nobiskrug
Kontrollierte Grenzüberschreitung | 158

76 Die Norddeutsche Seewarte
Es gibt kein schlechtes Wetter (bloß öde Apps) | 160

77 Die Oströhre
Down under | 162

78 Der Otzenbunker
St. Pauli muss laut bleiben | 164

79 — Die Palmeninsel
Kulturgipfel auf dem Pinnasberg | 166

80 — Das Paloma-Viertel
Knack den St.-Pauli-Code | 168

81 — Das Panoptikum
Maximale Promidichte | 170

82 — Reeperbahn Nummer 1
Der Eingang zum Untergrund | 172

83 — Die RICKMER RICKMERS
Alle Mann an Bord. Frauen und Kinder zuerst. | 174

84 — Das Sankt Pauli Museum
Die Heimatkünstler | 176

85 — Die Schaugewächshäuser
Im Alten Botanischen Garten | 178

86 — Das Scheddach
Das sah so schieddig aus | 180

87 — Die Schilleroper
Der letzte Zirkusbau | 182

88 — Das Schulterblatt
Wir müssen noch mal über die Schanze reden | 184

89 — Senator Watrin
Labyrinth der Eigentümlichkeit | 186

90 — Der Silbersack
A most wanted bar | 188

91 — Das St. Pauli-Archiv
Ein Laden mit Geschichte(n) | 190

92 — Die St. Pauli Kirche
Bei den bürgernahen Pastoren | 192

93 — Das St. Pauli Office
Unter Quartiersleuten | 194

94 — Das St. Pauli Theater
Ehemals Ernst Drucker Theater | 196

95 — Straßen, die wie Frauen heißen
Spazieren für Großstadtflaneure | 198

96 — Straßen, die wie Männer heißen
Bummel mit Gassenhauern | 200

97 — Die Street Art School
Nicht für die Schule, sondern für die Straße lernen | 202

98 — Das Tanzschuhhaus
These Boots Are Made for Dancin' | 204

99 — Der Tatort
Serial Moms gute Stube | 206

100 — Der Tiefbunker
20.000 unter dem Asphalt | 208

101 — Die U3
Die drei von der Dritten | 210

102 — Udo Lindenbergs Stern
Reeperbahn, wenn ich dich heute so anseh … | 212

103 — Der Untersuchungsknast
Die Hölle von Hamburg | 214

104 — Das Verlies
Was Sie schon immer über SM wissen wollten | 216

105 — Das Wallpainting
Rock-Dinosaurier | 218

106 — Die Waschküche
Wo Jimi Hendrix seine Jacke in die Reinigung gab | 220

107 — Der Waschraum der Eisarena
Hamburgs beste Fototapete | 222

108 — Die Washington Bar
Memories are made of this | 224

109 — Die Wasserlichtspiele
Konzert der einfachen Leute | 226

110 — Die Zelle(n) der Davidwache
Ein Ort, den man sich verkneifen sollte | 228

111 — Zimmermanns Werkstatt
Wo richtig, richtig Kino gemacht wurde | 230

1 Abyss

Abgründe im Auge der Betrachter

Im Vorübergehen wirkt das Wandgemälde in der Bleicherstraße gar nicht so spektakulär. Man muss kurz stehen bleiben, einen Moment innehalten. Dann entfaltet das abstrakte Loch mit den weichen, wellenartigen Rändern seine volle Wirkung.

Der Künstler 1010 (tenten) erreicht den Effekt durch extreme handwerkliche Präzision und ein ebenso klares Konzept im Kopf. Erklären tut er seine Werke ungern. Ohnehin macht der Urban-Art-Artist nicht gerade viel Aufhebens um seine Person. Obwohl er seit Kindertagen in Hamburg lebt und die Szene schon seit 2010 bereichert, ist seine wahre Identität nicht bekannt.

Je länger man auf die Hauswand schaut, desto besser versteht man, warum 1010 sich mit der fortlaufenden Abyss-Serie international einen Namen gemacht hat. Seine genialen optischen Täuschungen sind auf der ganzen Welt zu finden, zieren Fassaden in Panama, Delhi, Las Vegas, Warschau und Montreal. Galerien in San Francisco oder Bern vertreten seine Werke. Ganz besonders wird 1010 in Paris geschätzt. Dort wurde er beauftragt, 4.500 Quadratmeter Stadtautobahn zu verschönern. Die Bodenmalerei »Stream« an den Quais des Seine-Ufers brachte es sogar auf gigantische 18.000 Quadratmeter.

Dieses Format würde man sich für St. Pauli auch wünschen. Öde Flächen gäbe es genug. Auch scheint der Stadtteil prädestiniert für die Werke von 1010, spielen sie doch mit den Illusionen ihrer Betrachter – genau wie der Mythos St. Pauli.

Auf den ersten Blick wohlgefällig, suggeriert Abyss auf den zweiten eine eigentlich unmögliche Tiefe. Das wirkt anziehend einerseits und weckt den Wunsch, dem Werk näher zu kommen, es bestenfalls zu berühren. Nur um zu prüfen, ob man es nicht vielleicht doch mit mehreren Dimensionen zu tun hat. Gleichzeitig schwingt die Aufforderung mit, Abstand zu halten, sich dem Sog zu entziehen. Und eine leise Ahnung, dass man sich in Abgründen verlieren kann.

Adresse Bleicherstraße 76, 22767 Hamburg | **Tipp** Mehr 1010 und weitere relevante zeitgenössische Kunst garantieren die Ausstellungen der Paul Roosen Contemporary in der Paul-Roosen-Straße/Kleine Freiheit (Termine unter www.affenfaustgalerie.de).

2__ Die Adirondack Chairs

Und alles, alles wandelt sich

Der liebste Sommersitz der Hanseaten, eine abgewandelte Form des Adirondack Chairs, findet sich in vielen Grünanlagen und wird im vornehmen Volksmund auch Alsterstuhl genannt. Dabei handelt es sich um einen echten St. Paulianer. Seine Existenz ist – wie fast alles bei Planten un Blomen – dem Landschaftsarchitekten Karl Plomin zu verdanken.

In höchster Konzentration laden die bequemen Gartenmöbel gleich am Eingang Messe/Rentzelstraße zum Verweilen ein. Dort gruppieren sie sich um die ältesten Details der Grünanlage. Die Wasserkaskade und die Bürgergärten gehören zu den wenigen Elementen, die den Zweiten Weltkrieg überstanden haben. Den Erhalt setzte Plomin bei der Neugestaltung zur ersten Internationalen Gartenbauausstellung durch. Vielen wäre es lieber gewesen, per Abrissbirne zu erledigen, was den Bomben nicht gelungen war.

Man erinnerte sich nicht allzu gern an die Anfänge von Planten un Blomen im Jahr 1935, als 1.800 Zwangsarbeiter aus dem Boden stampften, »was das gesamte nationalsozialistische Deutschland auf dem Gebiete der Blumen- und Pflanzenzucht zu leisten imstande ist«. Schon zur damaligen »Niederdeutschen Gartenschau« eckte Plomin an. Es hieß, er trüge dem volkstümlichen Motto wenig Rechnung. Die Presse kritisierte ihn als zu mondän und großstädtisch. In Hamburg traditionell eine verdächtige Position. So wiederholte sich die Kritik bei den Internationalen Gartenbauausstellungen von 1953, 1963 und 1973. Letztere trug dem Park den Spottnamen »Platten und Beton« ein.

Seit alles hübsch eingewachsen ist, erkennt man, vielleicht in einem Adirondack Chair an der Wasserkaskade sitzend, dass Karl Plomin Landschaften komponierte wie Maler ihre Bilder. Nur dass Gärten nicht statisch sind, sondern geprägt von Dynamik und Wandel. Sie brauchen Zeit, bis sie ihrer Vision gleichen. Planten un Blomen gilt heute als einer der spannendsten Cityparks in Europa.

Adresse Eingang Messe/Rentzelstraße, 20357 Hamburg, barrierefrei | **Öffnungszeiten**
Okt.–März 7 – 20 Uhr, April 7 – 22 Uhr, Mai–Sept. 7 – 23 Uhr | **Tipp** Nehmen Sie sich Zeit
für den Pavillon rechts der Wasserkaskade. Der Verein Freundeskreis Planten erzählt hier
anhand alter Fotografien die hochspannende Geschichte des Parks.

3 Das Alkazar

Der Traum ist aus

Wenn Celly, die Frau im Löwenkäfig, am Ende ihrer Darbietung den letzten Gazeschleier fallen lässt, tobt das Publikum im Alkazar. Rasch schieben die Beleuchter dunkle Scheiben vor die Scheinwerfer. Doch dieser kurze Moment der Nacktheit ist ein Knüller im Jahr 1925. Cellys Ausziehtanz gilt als eine der ersten Stripteaseshows im Land.

Ein Striplokal ist das Alkazar aber nicht. Sondern ein Varieté, verschwenderisch wie die Goldenen Zwanziger selbst. Mit der Bühne kann nicht einmal das Moulin Rouge mithalten. Sie lässt sich minutenschnell versenken und wahlweise in ein Wasserbassin oder eine Eisbahn verwandeln.

»Alle 15 Minuten eine Sensation und in den Pausen keine Pause« lautet die Devise von Alkazar-Chef Arthur Wittkowski. Zugnummern sind die Megastars der Szene. Josephine Baker oder Berlins Femme fatale Anita Berber. Ihre »Tänze des Lasters, des Grauens und der Ekstase« führen zu tumultartigen Szenen. Nacht für Nacht sorgen 160 Angestellte für die ewige rauschende Party. Bis morgens um 4 Uhr. Dann senkt sich zum Finale ein gewaltiger Kronleuchter von der Decke, auf dem sich leicht bekleidete Artistinnen gruppieren.

Als die Nazis aufmarschieren, ist Schluss mit Glanz und Gloria. Wittkowski gilt als offener Kritiker des Regimes. Verleumdet, ruiniert und mehrmals von der Gestapo verhaftet, überlebt er zwar den Krieg, ist aber ein gebrochener Mann. 1960 stirbt er verwahrlost und verarmt.

Das Alkazar wird noch bis 1958 als Varieté betrieben – etwas biederer und unter dem Namen Allotria. Danach zieht ein bayerisches Bierlokal ein, später ein Supermarkt. Der kommt zwar selbst zu einiger TV-Berühmtheit, die ganze Ecke aber auch ziemlich auf den Hund.

Heute zeigen sich Straßenelend und Verfall nirgends sichtbarer als hier. Der Abriss des früheren Alkazar ist eine Frage der Zeit. Dann werden auch die letzten Wanddekorationen aus den goldenen Zeiten verschwinden.

Adresse Reeperbahn 108–114, 20359 Hamburg | **Tipp** Ein bisschen Gold und Silber, ein bisschen Glitzer, Glitzer? Gibts in der Bar vom Freudenhaus in der Hein-Hoyer-Straße. Plus: mehrere hundert Whiskey-, Rum- und Gin-Sorten.

4 Der Alte Elbpark

Unter dem weltgrößten Bismarck-Denkmal

Als St. Pauli noch nicht St. Pauli war, sondern ein dicht bewaldetes Niemandsland namens Hamburger Berg, war der Graben zur Hansestadt tief. Im Alten Elbpark erkennt man dies noch heute.

Die Helgoländer Allee entspricht in ihrem Verlauf etwa dem Wassergraben, der Hamburg seit 1624 als Teil einer zickzackförmigen Festungsanlage umgab. Ihre außerordentlich hohen Wälle waren mit spitzen Holzpfählen gespickt, bestückt mit 300 Kanonen und gekrönt von 22 Bastionen. Die erste, Bastion Albertus, thronte auf dem Stintfang. Ihr folgte die Bastion Casparus, ungefähr dort, wo heute der olle Bismarck in die Weltgeschichte blickt. Nur einige Schritte entfernt – auf dem Areal des Museums für Hamburgische Geschichte – lag die Bastion Henricus. Und so ging es weiter. Dicht an dicht reihten sich die Bollwerke, die Hamburg 200 Jahre uneinnehmbar machten.

Die Menschen vor den Toren hingegen ließen die Ratsherren ohne jeden Schutz. Nach draußen trieben sie alles, was man in der Stadt nicht dulden mochte. Etwa weil es stank oder laut war, hässlich und schmutzig. Der Pesthof und die Dammtorfriedhöfe, eine Ölmühle und Thranbrennereien beispielsweise.

Auf diese Weise abgehängt, hätte die Bevölkerung auf dem Hamburger Berg in Düsternis versinken können. Doch sie taten genau das Gegenteil. Wie zum Trotz eröffneten sie Spielbuden, Tanzdielen und Trinkhallen. Es siedelten sich fliegende Händler an, Schausteller und Artisten. Und alle miteinander kultivierten sie die Kunst des Amüsements.

Erst ab den 1820er Jahren reichte Hamburg dem bunten Volk zögernd die Hand. Die durch moderne Kriegsführung nutzlos gewordenen Wallanlagen wurden in Grünanlagen umgewandelt. Sie verbinden noch heute St. Pauli mit der City. Und grenzen gleichermaßen von ihr ab. Denn auch wenn der Graben zwischen Dammtor und Millerntor längst zugeschüttet ist, wurde er in den Köpfen nie gänzlich überwunden.

Adresse Millerntor/Helgoländer Allee/Seewartenstraße, 20459 Hamburg | Öffnungszeiten rund um die Uhr geöffnet, im Dunkeln nicht immer geheuer | Tipp Ob Frühstück, Lunch oder Espresso und Kuchen – das Café Johanna am Venusberg 26 macht glücklich.

5 Die Älteste Tätowierstube

Gestochen scharf

Die »Älteste Tätowierstube Deutschlands« befindet sich in einer Erdgeschosswohnung am Hamburger Berg 8. Man betritt sie über einen schmalen Flur, an dessen Ende ein Bilderbogen hinter Glas ins Auge fällt. Bunte Handzeichnungen auf vergilbtem Papier umranken den Schriftzug »Atelier für moderne Tätowierungen«.

Die Zeichnungen stammen von Christian Warlich, dem Urvater der deutschen Tätowierszene. Seit 1919 betrieb er besagtes Atelier im Hinterzimmer seiner Kneipe in der Clemens-Schultz-Straße (heute »Toom Peerstall«). Warlichs handwerkliches Geschick und künstlerischer Anspruch sind legendär. Wie damals üblich ließ er sich Kundschaft von Koberern zutragen. Doch Minderjährige oder Betrunkene tätowierte er nicht. Ganz anders als einige Kollegen, die berauschten Kunden die Taschen ausräumen ließen, sobald sie unter der Nadel lagen.

Seinen Kronprinzen fand der König der Tätowierer in Herbert Hoffmann. Hoffmann kaufte das Ladenlokal am Hamburger Berg 8 zu einer Zeit, in der Tätowierungen nicht gerade en vogue waren. Nach Warlichs Tod 1964 soll es sogar eine Zeit lang das einzige Studio in ganz Deutschland gewesen sein. So kam die Älteste Tätowierstube zu ihrem Namen.

Während Warlich nicht mehr erlebte, dass Tätowierungen salonfähig wurden, hat Hoffmann die Entwicklung vom Anrüchigen zum Angesagten nicht nur erlebt, sondern maßgeblich beeinflusst. Zeit seines Lebens kämpfte er gegen Klischees und für eine selbstbestimmte Lebensweise. Als er 2010 verstarb, galt er längst als renommierter Künstler und angesehener Fotograf. Durch unzählige Ausstellungen im In- und Ausland, Presseartikel, Fernsehauftritte und die berührende Dokumentation »Flammend' Herz« ist »der älteste Tätowierer der Welt« einer breiten Öffentlichkeit bekannt geworden. Heute wird die Älteste Tätowierstube von Hoffmanns Neffen Ernst Günter Götz geführt. Warlichs Prinzipien gelten noch immer.

Adresse Hamburger Berg 8, 20359 Hamburg | Öffnungszeiten Mo–Sa 12–19 Uhr |
Tipp Der Kunsthistoriker Ole Wittmann leitet seit 2015 ein Forschungsprojekt zum
Nachlass Christian Warlichs. Ab November 2019 wird der König der Tätowierer mit einer
Sonderausstellung im Museum für Hamburgische Geschichte geehrt.

6 Der Arbeitsweg

Auf den Spuren der größten Band aller Zeiten

Vier Stunden an Wochentagen. Sonnabends fünf. Sonntags sechs. Keine Pausen. 30 Mark pro Person. Unterkunft frei. Zu diesen Konditionen lockte Bruno Koschmider eine unbekannte Band aus England ins ehemalige Bambi Kino in der Paul-Roosen-Straße 33. Dort stellte er den fünf Musikern zwei winzige fensterlose Räume zur Verfügung. Als Waschraum diente die Herrentoilette. Aber immerhin – der Weg zur Arbeit war kurz.

Gleich ums Eck, im Indra (Große Freiheit 64), betraten an einem Mittwochabend im August 1960 zum allerersten Mal »The Beatles« eine Bühne. Wenige Wochen zuvor hatten sich die Jungs noch »Silver Beetles« genannt.

Dass die Hamburger sich auf den ersten Beat verliebt hätten, kann man nicht behaupten. Das Publikum bestand aus nur wenigen Halbstarken, Prostituierten und Freiern, denn das Indra war damals eine Sex-Bar. Die gewaltige Explosion, die die Beatles zwei Jahre und fünf St.-Pauli-Gastspiele später samt Star-Club (Gedenksteine: Große Freiheit 39) in den Pop-Olymp katapultieren sollte, war anfangs nicht einmal ein Knistern.

48 Auftritten im Indra folgten 58 Nächte im Kaiserkeller (Große Freiheit 36). Dort performten die Beatles im Wechsel mit Rory Storm & The Hurricanes. An den Drums der deutlich beliebteren Band: Ringo Starr. Er sollte erst später zu den Beatles stoßen. Daher bleibt bewusst offen, ob die Silhouetten-Skulptur des Schlagzeugers auf dem Beatles-Platz (Reeperbahn 174) Ringo oder seinen Vorgänger Pete Best darstellt. Bei der etwas abseits stehenden Figur handelt es sich aber eindeutig um den viel zu früh verstorbenen Stuart Sutcliffe. Der Bassist prägte den typischen Look der Beatles und verließ die Band im Laufe ihres Engagements im Top Ten (Reeperbahn 136).

Aber das geschah erst später, als die Beatles zum zweiten Mal nach St. Pauli kamen und in 92 Nächten und 503 Stunden auf der Bühne zum besten Live-Gig weit und breit avancierten.

Adresse Ausgangspunkt für den Beatles-Walk: Paul-Roosen-Straße 33, 22767 Hamburg | **Tipp** In der Kneipe von Gretel & Alfons in der Großen Freiheit 29 hat sich wenig verändert, seit Paul McCartney die Zeche von 89,50 Mark schuldig blieb.

7 Ars Japonica

Die kleine Kostbarkeit der Mizuki Wildenhahn

In der japanischen Tradition besitzt geschmackvolle Einfachheit einen hohen Stellenwert. Am klassizistischen Sahlhaus in der Hein-Hoyer-Straße 44–48 lässt sich der Sinn für die Schönheit der einfachen Dinge gut erkennen. Was einst als billiger Massenwohnungsbau gedacht war, wirkt durch den weißen Anstrich und die rot lackierten Fensterrahmen wie eine urbane Kostbarkeit.

Auch das Fachgeschäft Ars Japonica im Erdgeschoss kann als Tempel japanischer Ästhetik gelten. Wahlweise auch als Achtsamkeitsübung, wenn man in aller Stille und Ruhe feinstes Papier und Tuschepinsel bewundert, Teezeremoniebedarf, Fächer, Puppen, Stoffe und den Duft von Tee und Räucherstäbchen. Inhaberin Mizuki Wildenhahn ist weit über 90 Jahre alt und betreibt den Handel mit japanischer Kunst und Kunstgewerbe bereits seit 1977.

Nach Hamburg kam sie mit ihrem Mann, Klaus Wildenhahn. Das Paar hatte sich Ende der 1950er Jahre in London gefunden. Wildenhahn war damals noch nicht der berühmte Dokumentarfilmer, der später die deutsche Kulturszene mit Milieustudien, Musikfilmen und literarischen Texten nachhaltig und über Jahrzehnte prägen sollte. Dabei hat er auch dem Kiez immer wieder filmische Denkmäler gesetzt. Seine Dokumentation »Heiligabend auf St. Pauli« von 1967 ist die vielleicht wunderbarste Hommage an die Menschen des Viertels. Kurz nach Fertigstellung zerbrach die Ehe der Wildenhahns. In Verbindung blieben die beiden aber bis zu seinem Tod im August 2018.

Im gleichen Jahr wurde Mizuki Wildenhahn selbst zur Hauptfigur eines Dokumentarfilms. Regisseurin und Kamerafrau Beate Middeke blieb dabei dem »Direct Cinema« treu. Diese beobachtende, nicht eingreifende oder inszenierende Art zu filmen verhalf Klaus Wildenhahn einst zum Durchbruch in Deutschland. Und so ist der Film »Die Welt der Mizuki Wildenhahn« so achtsam, still und tief wie ein Besuch in ihrem Laden Ars Japonica.

Adresse Hein-Hoyer-Straße 48, 20359 Hamburg | **Öffnungszeiten** Di, Do, Fr 13–17 Uhr, Mi 14–18 Uhr, Sa 10.30–14 Uhr, mehr Infos unter arsjaponica.de | **Tipp** Der Sushi-Kaiser von Hamburg bittet Mi–Sa von 18–22 Uhr an seinen Tresen in der Kampai Sushi Bar am Hamburger Berg.

8 Die Astra-Sudpfanne
Reine Geschmacksache

Bei Sonnenschein lässt es sich fein auf den Ruhebänken vorm Hotel Hafen Hamburg pausieren, wo etliche Touristen sich mühen, die monströse Sudpfanne abzulichten. Einfach ist das nicht. Denn Hand aufs Herz: Wie viele Schokoladenseiten finden sich schon an einem fast 100-jährigen, zum Brunnen umfunktionierten Bierbraukessel? Das Geschenk der Holsten-Brauerei an Wilhelm »Willi« Bartels steht hier trotzdem gerade richtig. Direkt vor dem Schloss des »Königs von St. Pauli« mit Blick auf etliche Wahrzeichen der Stadt. Bier gehört hierher wie Elbwasser.

Schon um 1370 zählte man in und um die Hansestadt herum 457 Brauereien. Das Hamburger Bier war ein echter Exportschlager, etwas bitterer und deutlich länger haltbar als Erzeugnisse anderer Regionen. Man verwendete nämlich bereits Hopfen, eine Pflanze aus der Gattung der Hanfgewächse, als alle Welt noch auf Gagel setzte.

Das erste Astra, zumindest ein Vorgänger, wurde 1647 von einem Niederländer in Altona gebraut. 1922 zog die Marke unter dem Dach der Bavaria-St. Pauli-Brauerei in die Hopfenstraße. 1998 wurde die Brauerei von der Holsten-Gruppe übernommen, die den Standort St. Pauli aufgab. Das Gelände kaufte Willi Bartels, dem bereits ein Drittel der Reeperbahn gehörte, die Bauten auf dem Spielbudenplatz, fast die gesamte Große Freiheit und Tausende Wohnungen.

Was aus dem alten Brauereigelände wurde, scheint uncharmant wie die Jahre, in denen St. Pauli ohne eigene Brauerei auskommen musste (siehe Ort 35). Aber seit 2012 hat die Not ein Ende. Da eröffnete Eugen Block (ja, der vom Blockhaus) in den Landungsbrücken das Brauhaus Blockbräu, und aus den Schanzenhöfen kehrte ein Klassiker der früheren Elbschloss-Brauerei zurück: Ratsherrn darf auf St. Pauli durchaus als It-Bier bezeichnet werden. Zur Verkostung sind es bloß einige Schritte hinunter ins ÜberQuell in den Riverkasematten.

Adresse Promenade Bei der Erholung, 20359 Hamburg | **Tipp** Willi's Bierstube im Hotel Hafen Hamburg galt als Büro von Wilhelm Bartels. Vom Stammtisch aus soll er sein Imperium geleitet haben.

9 Die Aussichtsterrasse

For Members only

Der exklusivste Club von St. Pauli liegt auf dem wunderbaren Stintfang, direkt oberhalb der Landungsbrücken. Einlass wird nur den-
jenigen gewährt, die einen Mitgliedsausweis besitzen. Den des
Deutschen Jugendherbergswerks nämlich. Er berechtigt rund um
die Uhr zum Besuch der Panoramalobby – auch wenn man nicht zu
den Übernachtungsgästen der DJH Jugendherberge Hamburg »Auf
dem Stintfang« zählt.

Gleich zwei Bürgermeister hätten auf dem Gelände der im Zweiten Weltkrieg zerstörten Deutschen Seewarte lieber gut betuchte
Reisende gesehen. Doch sie hatten nicht mit Paula Karpinski
gerechnet. Die erste Ministerin einer deutschen Landesregierung
und Trägerin der Bürgermeister-Stolten-Medaille hatte ihre Wider-
standskraft bereits während des Naziterrors bewiesen. Mehrmals war
die engagierte Jugend- und Frauenpolitikerin inhaftiert worden. Als
Parteigenosse Max Brauer nach dem Krieg das Filetgrundstück mit
einem Luxushotel bebauen wollte, zeigte sie ihm die Zähne. Sie
träumte von einem öffentlichen Ort für jedermann an dieser Stelle.
Und setzte sich damit durch. Bei der Eröffnung 1953 war die Übernachtung mit 60 Pfennig tatsächlich für alle erschwinglich. Die Lage
hingegen unbezahlbar.

Das sah auch Bürgermeister Henning Voscherau so. In den 90er
Jahren kramte er die alten Luxushotel-Pläne wieder aus der Schub-
lade hervor. Paula Karpinski war zwar längst im Ruhestand und ging
auf die 100 Jahre zu, aber zur Rettung ihrer Jugendherberge stieg sie
doch noch einmal in den Ring. Und wieder behielt sie die Oberhand.

So schlafen Backpacker bis heute auf dem vielleicht wertvolls-
ten Grundstück von ganz Hamburg vis-à-vis dem Pegelturm der
Landungsbrücken, chillen auf der Terrasse, speisen äußerst günstig,
spielen Billard oder Schach, mit Figuren so groß wie kleinere Kinder. Gern teilen sie die Aussichtsplattform mit Einheimischen und
Reisenden aus aller Welt.

Adresse Alfred-Wegener-Weg 5, 20459 Hamburg | **Öffnungszeiten** Die Lobby ist 24/7 geöffnet, Bar/Bistro bis 1 Uhr | **Tipp** In der Lobby befindet sich rechter Hand ein Wandgemälde von Olaf Demel. Wer die Hamburgkarte im Fifties-Look studiert, braucht keinen Stadtführer mehr.

10 Die Barkasse Hedi
Schaukeln statt schunkeln

Es gibt eine Menge Clubs auf St. Pauli, in die Anwohner nie einen Fuß setzen würden. Andere wiederum sind nur schwer zu finden, sodass Ortsunkundige achtlos vorbeistolpern. Und dann gibt es noch die Hedi. Seit 15 Jahren gelingt den Machern von Hedis Tanzcafé das Kunststück, irgendwie »indie« zu bleiben, obwohl die kleine Barkasse doch längst kein Geheimtipp mehr ist.

Dass sich Hamburger wie Gäste gleichermaßen für den schwimmenden Partykeller begeistern, hat mit der Abendsonne auf der Elbe zu tun, mit dem Tuten der Schiffe, facettenreichen Turntable Artists, einer Discokugel und konsequenter Türpolitik.

Grundsätzlich sind zwar alle Erwachsenen auf der Hedi willkommen. Sogar Hunde. Nicht aber: »JunggesellInnenabschiede, Betriebsausflüge, verkleidete, uniformierte oder sonst wie nervende Gruppen«. Man will sich eben nicht kapern lassen. Und so schippert und schaukelt die altmodische Barkasse seit über 15 Jahren in den Sonnenuntergang – mit 100 hochzufriedenen Passagieren an Bord.

In den Sommermonaten wird die Hedi von ihren Schwesternschiffen (Claudia, Christa …) unterstützt. Los geht die Fahrt am frühen Abend zur vollen Stunde an der Landungsbrücke 10. Wer auf Nummer sicher gehen will, organisiert sein Billett zuvor im Netz oder offline im St. Pauli Office. Das Ticket garantiert die Mitfahrt bei der ersten Runde. Die führt mal dicht an Kreuzfahrtriesen vorüber, mal durch verschwiegene Kanäle und immer zur vollen Stunde zurück an den Ausgangspunkt.

Das ist praktisch, da die Schlange an der Bordtoilette oft ins Unendliche reicht und die öffentlichen Örtlichkeiten an Land gleich ums Eck liegen. Aber Vorsicht! Man darf nur erneut über die Reling klettern, falls noch Platz auf der Hedi ist. Diskutieren ist zwecklos. Sicherheit geht vor, und der Kapitän ist der Vorgesetzte aller an Bord befindlichen Personen. So sagt es § 121 des Seearbeitsgesetzes.

Adresse Bei den St. Pauli Landungsbrücken 10, 20359 Hamburg | **Öffnungszeiten**
Programm unter www.frauhedi.de | **Tipp** Vom Boot an den Beach. Nur einige Schritte
vom Anleger entfernt lockt Hamburgs schönster Beachclub – StrandPauli.

11_Der Baui

Freiraum für den Nachwuchs

St. Pauli einen ganz normalen Stadtteil zu nennen wäre auch schon wieder kokett. Aber für 23.000 Menschen ist er eben doch alltäglich. Die Bevölkerung ist ein bisschen ärmer und etwas internationaler als im Rest der Stadt; es gibt einen Tick mehr Arbeitslose, viel weniger Alte und beinahe so viele Minderjährige wie im Hamburger Durchschnitt. Etwa 3.000 Kinder und Jugendliche wachsen in den dicht besiedelten Straßenzügen zwischen Hafen und Schanze auf.

Besonders viele Freiflächen stehen ihnen nicht gerade zur Verfügung. Natur ist Mangelware rund um den Kiez. Umso wertvoller die Oasen, in denen die jüngsten St. Paulianer unbeschwert und selbstbestimmt sein dürfen. So wie auf dem Abenteuerspielplatz Am Brunnenhof. Geschützt in einem Hinterhof gelegen, wird hier seit den frühen 80er Jahren unter pädagogischer Betreuung an Hütten und Palästen gewerkelt. Schon der Eingang in Form einer Burg, geziert von einem farbenfrohen Drachen, ist beeindruckend. Kaum zu glauben, dass Kinder die phantasievollen Buden selbst gezimmert haben.

»Aber das ist ganz schön gefährlich«, mag es einem angesichts hoher Baumhäuser und wackliger Brücken durch den Kopf schießen. Und da hat man noch gar nicht über Sägen, Hämmer und rostige Nägel nachgedacht. Doch genau das ist das Konzept vom Baui. Gefahren erkennen und an Herausforderungen wachsen. Toben, rennen, klettern, sich aus Höhen abseilen – das alles ist ausdrücklich erwünscht. Sogar streiten. Denn auch das will gelernt sein. Und besonders das Versöhnen.

Eltern sind willkommen. »Helikoptern« geht aber gar nicht. Der Baui garantiert Kindern eine gewisse Freiheit und Platz zum Ausprobieren, ohne dass Erwachsene sich einmischen. Und wenn man das akzeptiert hat, erscheint das Schild am kleinen Gewächshaus gar nicht mehr nur lustig, sondern geradezu philosophisch: »Pssst, wir wachsen gerade … und krumm.«

Adresse Am Brunnenhof 14, 22767 Hamburg | **Öffnungszeiten** Mo–Fr 13–18.30 Uhr, Sa 13–18 Uhr, www.asp-am-brunnenhof.de | **Tipp** Inklusion kann super aussehen: Bei Rosenblatt & Fabeltiere in der Clemens-Schultz-Straße 43 fertigen Menschen mit psychischen Handicaps fabelhafte Kindersachen.

12 Die Begräbniskapelle

Was vom Megafriedhof übrig blieb

Um Hamburg einen leicht liederlichen Umgang mit seinem architektonischen Erbe zu attestieren, braucht es keinen allzu strengen Blick. Besonders schlecht hat es die St.-Petri-Begräbniskapelle getroffen. Einverleibt von der Messe, durch einen Zaun der Allgemeinheit entzogen, ist sie dem Vergessen und dem Zahn der Zeit überlassen. Dabei handelt es sich um die älteste Torkapelle Norddeutschlands und eines der letzten Relikte des alten St. Pauli.

Als im ausgehenden 18. Jahrhundert die Hamburger Friedhöfe endgültig überfüllt waren, richteten die Hauptkirchen Begräbnisplätze außerhalb der Stadtbefestigung ein. Dem Beispiel folgten weitere Kirchen, Klöster und Gemeinden. Am Ende war zwischen Dammtor und Sternschanze ein riesiges Totenfeld entstanden. Die St.-Petri-Begräbniskapelle wurde 1794–96 als Totenhaus errichtet und ab 1802 zur ersten Friedhofskapelle umgenutzt. Wie die Rotunde im Stil der Revolutionsarchitektur zeigt, hatte man durchaus etwas übrig für die Französische Revolution. Das änderte sich, als Napoleon 1806 zunächst Hamburg besetzte und einige Jahre später ganz St. Pauli dem Erdboden gleichmachte. Dass die kleine klassizistische Kapelle die Zerstörung überstand, darf als Wunder bezeichnet werden.

1877 wurde der Ohlsdorfer Friedhof eröffnet und die Gräber von St. Pauli nach und nach umgebettet. Wieder blieb die St.-Petri-Begräbniskapelle stehen. Und selbst die Nazis, die den Dammtorfriedhöfen schließlich den Rest gaben, um Platz für ihre Aufmärsche zu schaffen, verschonten sie.

Damit hätte die Kapelle eigentlich einen Ehrenplatz verdient und nicht dieses trostlose Dasein. Die Gebäudeversetzung kommt auch immer mal wieder aufs Tapet, scheitert aber genauso oft an der Finanzierung. Als Laie würde man einfach den Zaun versetzen. Dann könnten alle die Kapelle bewundern und als Ort der Besinnung nutzen. Aber das ist wohl zu einfach gedacht?!

Adresse St. Petersburger Straße, etwa mittig, 20355 Hamburg | **Tipp** Noch so ein Fall, an dem sich das Denkmalschutzamt die Zähne ausbiss, ist das Kraftwerk Karoline. Gleich ums Eck in der Karolinenstraße erdrückt der Messeneubau die Fassade des ersten HEW-Gebäudes.

13 Die Bernie

Verhindern wir das Verschwinden unserer Welt

Wer von der Bernstorffstraße durch das Tor mit der Hausnummer 117 in den Hinterhof tritt, überschreitet die Grenze nach Altona und findet sich im ehemaligen Depot der Pferdestraßenbahn wieder. Wenige Arbeitsareale der Stadt sind vergleichbar flächendeckend erhalten wie das Ensemble im historischen Schweizer Stil mit seinen Remisen und Stallungen aus den 1880er Jahren.

Gut 100 Bewohner, Handwerker und Kulturschaffende halten den Werkhof seit mehr als 30 Jahren in Schuss, schaffen Arbeitsplätze, Wohnraum, Gemeinschaft. Im Gegenzug für die Eigeninitiative blieben die Mieten lange erträglich. Es war ein Schock, als das Objekt 2016 verkauft wurde – ausgerechnet an die Deutschland-Chefs eines weltweit agierenden Immobilienunternehmens.

Nach den Marktregeln wären Abriss und Luxusneubauten erfolgt. Doch die Hofgemeinschaft organisierte sich in Windeseile. Dabei erfuhr die Initiative »Viva la Bernie« breite Unterstützung. Das ist auch illustren Mietern wie Rocko Schamoni und der Band Fettes Brot zu verdanken, die von Anfang an für Presserummel sorgten. Regisseur Fatih Akin, Schriftsteller Heinz Strunk oder Maria Ketikidou vom »Großstadtrevier« schickten Unterstützer-Videos durch die sozialen Medien. Soli-Konzerte von Samy Deluxe und Jan Delay brachten den Verkehr rund um die Bernie zum Erliegen. Auch Privatleute und Institutionen – von der Handwerkskammer über Banken bis zum FCSP – machten und machen sich stark.

Die bald erwirkte Erhaltungsverordnung wertet »Viva la Bernie« als Etappensieg. Das Ziel lautet Erbpacht, wofür es einen langen Atem braucht. Derweil sichert nun der sogenannte Milieuschutz gleichermaßen den Erhalt der Gebäude, wie er auch die Nutzungs-änderung des Areals verbietet. Das heißt, niemand wird sein Zuhause oder seine Existenzgrundlage verlieren. Der Hinterhof ist als Spekulationsobjekt nicht mehr zu gebrauchen. Oder im Klartext: Bernie bleibt!

Adresse Bernstorffstraße 117/Thadenstraße 102, 22767 Hamburg | **Öffnungszeiten**
Termin der nächsten Soli-Party unter: www.facebook.com/BERNSTORFF117 | **Tipp**
An der Nachtschwärmer-Autobahn zwischen Schanze und Kiez funkelt seit 20 Jahren
die BernsteinBar mit Hip-Hop, Soul und Quality Drinks in der Bernstorffstraße 103.

14__Das Bunny Burlesque

Babydoll der Jones-Familie

Wir befinden uns im Jahr 2019 nach Christus. Von den Dächern der Reeperbahn pfeifen die Spatzen den Abgesang auf alles Frivole. Von allen Dächern? Nein! In einem Hinterhof auf der Großen Freiheit, etwa dort, wo früher mal der große Star-Club war, knipst St. Paulis bunteste Belegschaft einmal mehr das Rotlicht an:

Willkommen. Bienvenue. Welcome. Im Bunny Burlesque. Jüngstes Mitglied der Olivia-Jones-Familie. Wie alles, was die Truppe um Deutschlands bekannteste Dragqueen anpackt, mit Glitzer bestäubt.

Also hereinspaziert in das schön-schummerige Etablissement. Möglichst nah ran an die Showbühne, die beinahe zu klein scheint für die 1,11 Meter langen Beine von Eve Champagne. Für das Ego des rothaarigen Vamps haben die Bretter, die die Nacht bedeuten, aber genau die richtige Größe. Die Nähe zum Publikum ist Teil von Champagnes Performance. Sie spielt mit den Zuschauern, dirigiert sie mit losem Mundwerk und Reibeisen-Timbre durch das Programm des einzigen reinen Burlesque-Clubs im Land.

Mit konventionellen Stripteasebuden hat er genauso viel zu tun wie Sex-Appeal mit Idealmaßen. Rein gar nichts nämlich. Bei dieser Spielart des kunstvollen Ausziehens dreht es sich nicht um bloßes Blankziehen. Es dreht sich um die Künstlerinnen. Um die Visualisierung von Musik und Phantasien. Um prächtige Kostüme, Selbstbewusstsein und das Versprechen: Du kannst vieles sein.

So wie Candy Pia, die kleinste Tänzerin im Bunny Burlesque, die sich anmutig gibt beim Schleiertanz und zum Schreien komisch als lebende Banane. Setty Mois hingegen verkörpert Glamour. Sie träumte schon als junges Mädchen davon, einmal wie Dita Von Teese zu tanzen. Heute zieht ihre elegante Erscheinung alle Blicke auf sich. Wenn sie sich zwischen den Auftritten an der Bar erfrischt, glaubt man sich glatt ins alte Hollywood versetzt oder – weil wir ja auf St. Pauli sind – in ein Gemälde von Erwin Ross.

Adresse Große Freiheit 27a, 22767 Hamburg, www.olivia-jones.de/bunny-burlesque |
Öffnungszeiten Fr, Sa ab 20 Uhr | **Tipp** Frauen, die lieber Männern beim Entkleiden
zusehen, finden in der Großen Freiheit 32 Olivias Wilde Jungs. Herren müssen leider
draußen bleiben.

15 Der CCH-Komplex

Erster. Größter. Längster.

Ende der 1960er Jahre wurden die Tourismusverantwortlichen europäischer Großstädte auf eine neue Zielgruppe aufmerksam: die Kongressisten. Vielmehr den Kongressisten. Denn klassischerweise war er eben männlich. Dazu solvent und dem Feierabendvergnügen nicht abgeneigt. Mit diesen Eckdaten passte er nach St. Pauli wie der berühmte Deckel auf den Pott. Das dachte sich auch Hamburgs Bürgermeister Herbert Weichmann und beschloss den Bau einer »Fabrik zur Erzeugung von Fremdenverkehr«.

1973 eröffnete mit dem Congress Center Hamburg das erste Kongresszentrum Deutschlands, das größte in ganz Europa. Nicht dass man sich letzteren Titel hätte lange ans Revers heften können – bereits im Folgejahr ging er an das größere Palais des congrès in Paris. Auch schien der Hamburger Komplex äußerlich weniger gefällig. Im Inneren war er dafür mit topmodernen Sperenzchen ausgestattet wie Telefonzellen im Foyer oder Diaprojektoren in den Tagungsräumen. Aufsehen erregte die architektonische Verbindung zum exklusiven Hotel Loew's Hamburg Plaza. Das höchste Hotel Westdeutschlands konnte es beinahe mit dem nur fünf Meter höheren Ostberliner Interhotel aufnehmen.

Heute ragt der Frankfurter Messeturm mehr als doppelt so hoch in den Himmel. Doch im traditionell niedrig gebauten Hamburg prägt die elegante Silhouette des Radisson Blu Hotels noch immer das Panorama der Innenstadt. Daher ist St. Pauli nicht nur mit den schönsten Elbblicken beschenkt, sondern auch mit einer fabelhaften Alsteraussicht. Seit 2014 erstreckt sich in 118 Metern Höhe eine Terrasse, die in den Sommermonaten von der Weinbar 26 bespielt wird.

Von dort oben lässt sich auch die jüngste »Revitalisierung« des CCH in Gänze erfassen. Anders als der Neubau 1970 konnte der Umbau nicht im avisierten Zeit- und Kostenrahmen realisiert werden. Aber immerhin: Das CCH soll wieder zu den größten Kongresszentren Europas zählen.

Adresse Am Dammtor/Marseiller Straße, 20355 Hamburg | **Öffnungszeiten** Weinbar 26 unter www.radissonblu.com/de/hotel-hamburg/bars | **Tipp** Der im Jugendstil errichtete Dammtorbahnhof bildet die Grenze zwischen St. Pauli und dem Stadtteil Rotherbaum und ist unbedingt der näheren Betrachtung wert.

16 Das Chinesenviertel

Der Stolperstein des Woo Lie Kien

Was bleibt, ist eine Gedenktafel an der Ecke Talstraße/Schmuckstraße mit dem Hinweis auf einen Stolperstein vor dem Haus Nummer 9. Allerdings ist der Stein dort nicht zu finden. Wie eben überhaupt nichts mehr zu finden ist vom Chinesenviertel, das 1944 aufhörte zu existieren und dessen Größe niemand mehr genau zu bestimmen weiß. Für die Hochphase zwischen den Weltkriegen reichen die Schätzungen von wenigen hundert bis zu 3.000 Menschen.

Während die Polizei die Chinesen in den 1920er Jahren als wachsende Hafenplage titulierte, amüsierte sich die Boheme im Tanzlokal Neu-China und ließ sich vom Duft unbekannter Gewürze und den Karren fliegender Händler in Gassen locken, deren Häuser faszinierende Schriftzeichen trugen.

Viele chinesische Betriebe, Läden, Wäschereien, Restaurants und Wohnungen befanden sich im Kellergeschoss. Das war eine reine Kostenfrage, befeuerte jedoch die erstaunlichsten Phantasien. Von Opiumhöhlen wurde gemunkelt, von Spielhöllen und einem unterirdischen Tunnelsystem voller Schmuggler. Dass nichts davon je bewiesen wurde, schrieb man der Listigkeit der Chinesen zu.

Solche Gerüchte grassierten über alle chinesischen Communitys in der westlichen Welt. Während sich andernorts dennoch Chinatowns entwickeln konnten, sahen sich die Hamburger Chinesen spätestens im Nazideutschland stärksten Repressionen ausgesetzt.

Im Mai 1944 wurden bei der sogenannten »Chinesenaktion« die letzten 130 chinesischen Männer der Stadt verhaftet. Viele wurden über Monate im Gestapo-Gefängnis Fuhlsbüttel misshandelt oder mussten unter erbärmlichen Bedingungen im Arbeitslager Wilhelmsburg und KZ Neuengamme Zwangsarbeit leisten. Unter den Verhafteten war auch Woo Lie Kien. Den 59-jährigen Gastwirt folterte die Gestapo zu Tode. Der Stolperstein, der an ihn erinnert, befindet sich dort, wo nach alter Zählung das Haus Nummer 9 stand. Heute ist es das Haus Nummer 7.

17_Crazy Horst

Steck 'nen Euro in die Jukebox, Baby!

Es gibt Leute, die kommen extra früh, wenn in der kleinen Bar in der Hein-Hoyer-Straße noch kein Hochbetrieb herrscht. Dann hat noch niemand die Musikbox für sich gepachtet. Ungemein vielfältig und mit mancher Perle bestückt, eignet sie sich hervorragend, um den Soundtrack seines Lebens zusammenzustellen. Und mit Glück findet sich sogar noch ein Platz am Tresen.

Dahinter steht immer einer in tadelloser Garderobe. Ganz alte Bartender-Schule. Selbst wenn ein Jüngerer Dienst tut. Jünger jedenfalls als Arved, der Unvergessene, oder Crazy Horst, Horst-Volker Schleich, selbst. Seit 1974 ist kein ernst zu nehmender Nachtschwärmer mehr an dem Mann vorbeigekommen, der immer alles richtig machte, auch wenn er nach eigenem Bekunden oftmals keine Ahnung hatte, auf was er sich da einließ.

Seinen Aufstieg vom Jungen aus der hessischen Provinz zum »fairen Mann vom Kiez«, wie Horst Schleich auch genannt wird, erklärte er einmal in einem Interview mit seiner Bereitschaft, zu beobachten und zu lernen. Der Kiez hat 1.000 ungeschriebene Gesetze. Wer sie nicht kennt, ist mit respektvoller Zurückhaltung auf der sicheren Seite. Auch im Crazy Horst. Den großen Max zu markieren wäre ohnehin ein hoffnungsloses Unterfangen. Horst Schleich erkannte nicht einmal Brad Pitt und Oliver Stone, als sie an seinem Tresen saßen. Er hat sich auch nichts darauf eingebildet. Sie waren ja nicht seinetwegen gekommen. Sondern wegen Domenica, zu Lebzeiten treuste Freundin des Hauses.

Ob Theatergröße oder Tourist aus Wanne-Eickel, das macht im Crazy Horst keinen Unterschied. Und doch sind manche Gäste unantastbar. Sie haben sich über Jahrzehnte das Recht erarbeitet, noch den schlimmsten Song aus der Jukebox zu wählen. Wer dann mit den Augen rollt, ist schnell unten durch. Besser, man guckt sich die Sache als Neueinsteiger ein paar Nächte an. Oder Jahre. Bis man selbst an der Reihe ist.

Adresse Hein-Hoyer-Straße 62, 20359 Hamburg | **Öffnungszeiten** So–Do 21–4 Uhr, Fr, Sa 21–6 Uhr | **Tipp** Wer im Grunde seines Herzens ein Star ist, findet die passende Vintage-Garderobe bei Hip Cats in der Hein-Hoyer-Straße 56.

18 Das Docks & die Prinzenbar

Licht. Spiel. House.

Wenn Häuser eine Seele haben, dann ist die des Spielbudenplatzes 19 schon sehr alt. Äußerlich sieht man dem Konzerttempel seine Geschichte gar nicht an. Doch tatsächlich haben nur wenige Bauten den Bombenhagel des Zweiten Weltkriegs so glimpflich überstanden wie das heutige Docks. Auskenner wissen natürlich um die Pracht der zugehörigen Prinzenbar, die mit ihren üppigen Jugendstilelementen von gloriosen alten Zeiten erzählt. Schon 1900 galt die Prinzenbar als Sahnehäubchen. Aber nie als die Hauptsache. Das waren die »lebenden Laufbilder«. Sie faszinierten an den Biertischen im großen Saal genauso wie in der teureren Loge. »Knopfs Lichtspielhaus« wird als erstes festes Kino in Deutschland gehandelt. Und wer glaubt, dass Gott ein DJ ist – mit klarer Vorliebe für Elektro –, kann sich in unregelmäßigen Abständen davon überzeugen, dass der Geist des Lichtspielers Eberhard Knopf das Gemäuer nie verlassen hat. Man begegnet ihm etwa bei Showcases des Labels Katermukke, beim 3000Grad Wanderzirkus oder Partyreihen wie »Alice im Wunderland«. Dort wandeln surreale Geschöpfe durch verschwenderische Dekorationen, treiben Turntable Artists den Puls in die Höhe, schaffen Künstler mittels Videomapping atemberaubende Parallelwelten aus Licht. Und dann gleicht der Club längst der Vision der Geschäftsführerin Susanne »Leo« Leonhardt von »Docks Lichtspielhaus«.

Seit einigen Jahren legt sie mit ihrer Mannschaft die Vergangenheit des Hauses behutsam, beinahe zärtlich frei und übersetzt sie gleichsam in die Zukunft. Tritt bei Renovierungsarbeiten ein Makel zutage, wie eine Wand, die in der Nachkriegszeit in aller Schnelle aus Dachpfannen errichtet wurde, dann darf das sichtbar bleiben. Das Schwierige ist genauso wichtig wie das Gefällige. So wie man einen Menschen ja auch nur vollkommen und nicht »halb lieben« kann. Und die Prinzenbar nicht ohne das Docks.

Adresse Spielbudenplatz 19, 20359 Hamburg | **Öffnungszeiten** nächste Party unter www.docks-prinzenbar.de | **Tipp** Keine gute Party ohne fabelhafte Doormen oder -women. Wer die Tür in jedem Fall passieren möchte, kleidet sich dem Thema der Veranstaltung entsprechend.

19 Die Docks
(Rück-)Blick auf die größte Werft der Welt

St. Paulis Südblick wird davon bestimmt, was in den Docks 10, 11 und Elbe 17 gerade generalüberholt wird. Superyachten, Containerriesen, Kriegsschiffe – oder auch mal gar nichts. Die Auftragslage auf Kuhwerder (heute Steinwerder) glich immer einer Berg-und-Tal-Fahrt. Im Gründungsjahr 1877 mussten Hermann Blohm & Ernst Voss sogar Schiffe auf eigene Rechnung bauen, um überhaupt ins Geschäft zu kommen. Die wirtschaftliche Lage verbesserte sich, als Schiffsreparaturen zum zweiten Standbein wurden. Zehn Jahre später beschäftigte das Unternehmen bereits 1.200 Mitarbeiter. Weitere zehn Jahre darauf verfügte Blohm & Voss über das größte geschlossene Werftgelände sowie das größte Schwimmdock der Welt.

Der Bau von Europas größtem Trockendock begann 1938. Elbe 17 entstand unter gigantischen Kosten als Teil des sogenannten Z-Plans. Der Rüstungsplan der Nazis erwies sich als nicht finanzierbare Dystopie. Als Elbe 17 endlich einsatzbereit war, tobte bereits der Zweite Weltkrieg, und der einzige Nutzen des Trockendocks bestand nun in seiner Eignung als Luftschutzbunker. 16.000 Menschen arbeiteten zu dieser Zeit bei Blohm & Voss. In der Überzahl Kriegsgefangene und Zwangsarbeiter. Sogar eine eigene KZ-Außenstelle leistete sich die Werft. Bis 1945 wurde das Werksgelände 38-mal schwer von Bomben getroffen.

Was am Ende übrig blieb, musste als Reparationsleistung demontiert werden. 1950 sollte Elbe 17 gesprengt werden. Am Tag der Sprengung demonstrierten Tausende. Es gab Befürchtungen, der Elbtunnel könne mit draufgehen. Dicht an dicht standen sie auf den Landungsbrücken, dem Stintfang und der Hafenstraße. Und so wurde die Sprengung abgesagt. Und das Dock 1959 reaktiviert.

Heute gehört Blohm & Voss nicht mehr zu den Weltmarktführern. Zu den Sympathieträgern aber allemal. Die Docks 10 und 11 werden als größte Werbeflächen Hamburgs vermarktet.

Adresse Hermann-Blohm-Straße 3, 20457 Hamburg | **Tipp** Zum jährlichen ELBJAZZ verwandelt sich der Hafen – und auch Blohm & Voss – in eine Freilichtbühne. Meist findet das größte Jazz-Festival Deutschlands um Pfingsten statt (www.elbjazz.de).

20 Der Dokumentarfilmsalon

Jeden zweiten Dienstag im B-Movie

In einem Hinterhof in der Brigittenstraße verweigern sich seit mehr als 30 Jahren eine Handvoll Ehrenamtlicher der Kommerzialisierung des Kinos. Längst ist die Kulturinitiative B-Movie eine Institution. In dem kleinen blauen Saal mit 56 roten Plüschplätzen laufen Streifen, die anderen Häusern zu streitbar, trashig, anspruchsvoll oder sperrig erscheinen. Die Bandbreite des fein kuratierten Monatsprogramms reicht vom zehnstündigen Autorenfilm über unerhörte Filmschätze bis zum kollektiven Kitschvergnügen »Drei Haselnüsse für Aschenbrödel«.

Durch diverse Kooperationen mildert das B-Movie schmerzliche Lücken im Hamburger Kulturangebot. Etwa mit dem Gehörlosen-kino, das in lockeren Abständen Veranstaltungen durchführt. Oder der Q-Movie-Bar für queeres Kino an jedem ersten Sonnabend im Monat. Die Hörbar, der zentrale Treffpunkt von Konsumenten und Produzenten elektronischer/elektroakustischer/industrieller Musik, findet immer mittwochs statt. Und an jedem zweiten und vierten Dienstag im Monat gibt das B-Movie dem Dokumentarfilmsalon ein Zuhause.

Das Projekt spricht ausdrücklich alle Liebhaber nicht fiktionaler Filmkunst an. Damit sind auch diejenigen gemeint, die sich einen Kinobesuch nicht leisten können. Der Eintritt ist frei. Spenden werden aber gern gesehen. Sie dürfen ruhig großzügig ausfallen, fließt doch jeder Cent in Filmrechte und Veranstaltungen mit Filmschaffenden und anderen Experten.

Werbung läuft im B-Movie logischerweise nicht. Stattdessen beginnt die Vorstellung mit einer persönlichen Begrüßung und Einführung in den Film. Austausch und Auseinandersetzung gehören im Dokumentarfilmsalon dazu. Darum ist es auch gar kein Problem, hinterher ins Gespräch zu kommen. Dann weht durch das behagliche Foyer eine Erinnerung an das Schanzenfeeling der 1980er Jahre. Die Bar öffnet 1,5 Stunden vor der Vorstellung und schließt erst weit danach.

Adresse Brigittenstraße 5, 20359 Hamburg | **Öffnungszeiten** Programm unter www.b-movie.de | **Tipp** Analog is more fun. In der Wohlwillstraße 34 wartet der vermutlich schönste Photomat der Stadt.

21 Domenicas Balkon

Die letzten Tage der Königin

Domenica Anita Niehoff hatte sich bereits in die Eifel zurückgezogen. Doch ihr letztes Lebensjahr, schon von Krankheit gezeichnet, verbrachte sie wieder auf dem Kiez. Ihren »Rentnersitz« nannte sie die kleine Wohnung mit verglastem Balkon an der viel befahrenen Simon-von-Utrecht-Straße. Nicht unbedingt ein Ort, von dem eine x-beliebige Monarchin ihrem Volk zuwinken würde. Aber sie war ja die »Königin von St. Pauli«, Deutschlands bekannteste Kämpferin für die Rechte von Prostituierten.

Eine Zeit lang beinahe überpräsent in den Medien, avancierte Domenica zur Muse für Dichter, Musiker, Maler und Fotografen. Prominente und Politiker suchten ihre Nähe ebenso wie Gestrandete und Frauen aus dem Gewerbe. Domenica gehört zu den seltenen Persönlichkeiten des Milieus, über die man niemals Negatives hört oder liest. Vielleicht ist sie sogar die einzige. Doch das war nicht immer so.

Als Domenica sich Ende der 1970er Jahre öffentlich als Hure outete, um auf die miserablen Arbeitsbedingungen vieler Prostituierter aufmerksam zu machen, wurde ihr eigenes Leben erst einmal zur Hölle. Das will etwas heißen aus dem Mund einer Frau, die bis dahin auch nicht gerade den Himmel auf Erden erlebt hatte.

Aufgewachsen in einem Waisenhaus, heiratete Domenica blutjung – einen Bordellbesitzer, der später Suizid beging. Bald darauf arbeitete sie selbst als Hure. In der Herbertstraße betrieb sie ein eigenes Studio. Mit 45 Jahren stieg sie aus, um als Sozialarbeiterin junge, drogensüchtige Prostituierte zu betreuen. Ihr größtes Verdienst besteht in der Enttabuisierung. »Ich habe erreicht, dass mehr über Prostitution geredet wird«, sagte sie kurz vor ihrem Tod. »Dass sich Mädels trauen zu sagen: Ich war im Milieu, aber ich will jetzt aussteigen.« Damit hat sie sich nicht nur einen Ehrenplatz auf dem Friedhof der Frauen in Ohlsdorf verdient. Sondern eine besondere Ecke in jedem Herz von St. Pauli.

Adresse Simon-von-Utrecht-Straße/Talstraße, 20359 Hamburg | Tipp Vom Kaffee unter Kolleginnen bis zum Ausstieg aus der Prostitution – im »Sperrgebiet St. Pauli« in der Seilerstraße 34 finden Frauen, die in der Sexarbeit tätig sind, konkrete Unterstützung.

22 Die Domschänke

Gegenüber den Feldern, die die Welt bedeuten

Dass die sepiafarbenen Wände der Domschänke einmal weiß gewesen sind, ist ein Gerücht. Wahr hingegen ist, dass es sich bei den Malereien um Werke des legendären Karussell-Malers Harry Knorrn handelt. Er mag sie vor 20 oder 30 Jahren an die Wand gepinselt haben. So genau kommt's nicht drauf an in der Domschänke, wo ein Bier noch immer keine zwei Euro kostet. Klar kalkuliert ist hingegen der Wortdreher im Motto der Schausteller, das Knorrn unter das Konterfei eines Zirkusclowns setzte. Ein Witz, den nur die Kollegen und Kolleginnen vom Dom verstehen.

Seit Ewigkeiten halten einige Schausteller-Clubs ihren Stammtisch in der Domschänke ab. Sie kommen nach getaner Arbeit, also frühestens um 23 Uhr. Die Domfrauen häufig deutlich später. Schließlich will man sich zuvor doch noch ein »büschn aufhübschen«.

Wiltraut und Jochen Kreuzer, die Kneipe und Hotel in zweiter Generation betreiben, finden das ganz normal. Frau Kreuzer stammt ja selbst aus einer Schaustellerfamilie. Heute gibt sie nicht nur den Domleuten ein zweites Zuhause, sondern auch den Fremden Freiheitsbrüdern, die in der ganzen Welt auf Walz waren oder noch auf Wanderschaft sind. Die Zimmerleute nennen Frau Kreuzer Muttern. Herr Kreuzer ist Vattern. Die Damen am Tresen Schwestern.

Im Clubraum hinter der Gaststube mischen sich uralte gerahmte Schwarz-Weiß-Fotografien der Gesellenvereinigung mit Wimpeln der Schaustellerclubs, überdimensionalen Spardosen in Form von Zirkuswagen, Getränkekisten, Krimskrams und einer Darts-Anlage des FC St. Pauli.

Während bei Heimspielen in der Domschänke kein Durchkommen ist, geht es an gewöhnlichen Wochentagen ruhig zu. Dann sind die Stammgäste unter sich. Etwa Anna, die schwarze Dogge. Ganz still sitzt sie – mit den Vorderpfoten auf der Fensterbank – und schaut in ihre Welt hinaus. Sie reicht vom Dom auf dem Heiligengeistfeld bis zum Fußballfeld am Millerntor.

Adresse Budapester Straße 10, 20359 Hamburg | **Öffnungszeiten** Auf ist, wenn auf ist (fast immer). | **Tipp** Ganz andere Szene – aber ebenso bekannt für Kunst an der Wand – ist das Cuneo, Hamburgs ältestes italienisches Restaurant in der Davidstraße 11.

23 Die Ecke, an der Semra Ertan starb

Gedenken braucht einen Ort

In den frühen Morgenstunden des 24. Mai 1982 kam es an der Kreuzung Simon-von-Utrecht-Straße/Detlev-Bremer-Straße zu einer erschütternden Tat. Die 25-jährige Türkin Semra Ertan übergoss sich mit Benzin und zündete sich an. Polizisten eines zufällig vorbeifahrenden Streifenwagens löschten die Flammen mit Brandschutzdecken. Semra Ertan wurde ins Hafenkrankenhaus gebracht, kurz darauf zur besseren Versorgung in die Unfallklinik Boberg verlegt. Sie erlag ihren schweren Verletzungen zwei Tage darauf. Am Vorabend der Tat hatte die junge Frau ihre Selbstverbrennung beim Norddeutschen Rundfunk als Protestaktion gegen zunehmende Ausländerfeindlichkeit in Deutschland angekündigt. Sie selbst lebte zu diesem Zeitpunkt seit zehn Jahren in der Bundesrepublik. Mit 15 Jahren war Semra Ertan ihren Eltern nach Kiel gefolgt, hatte dort als technische Zeichnerin und Dolmetscherin gearbeitet. Sie verarbeitete ihre Erfahrungen und Beobachtungen der oft schwierigen Arbeits- und Lebensbedingungen von Migranten in Büchern und über 350 Gedichten.

An Semra Ertans 37. Todestag fand eine Gedenkveranstaltung am Ort des dramatischen Geschehens statt. Eröffnet wurde die Veranstaltung von Ibrahim Arslan, einem Überlebenden des Brandanschlags von Mölln. Die Moderation übernahm Candan Özer-Yılmaz. Ihr Mann Attila gehörte zu den 22 Verletzten des Nagelbomben-Attentats des NSU in Köln im Jahr 2004. Weiter sprachen unter anderem VertreterInnen der Initiative für Süleyman Taşköprü, der 2001 in Bahrenfeld vom NSU erschossen wurde, sowie Cana Bilir-Meier. Die mehrfach ausgezeichnete Münchner Künstlerin nimmt als Enkelin türkischer Einwanderer eine postmigrantische Perspektive ein. Viele ihrer Film- und Soundarbeiten drehen sich um nicht erzählte oder verdrängte Geschichten von Migrantinnen und Migranten. Eine dieser Geschichten ist die ihrer Tante – Semra Ertan.

Adresse Simon-von-Utrecht-Straße/Detlev-Bremer-Straße, 20359 Hamburg | **Tipp** Zu den mehr als 80 Stolpersteinen im Viertel halten das St. Pauli-Archiv und der Infoladen der Landeszentrale für politische Bildung eine Begleitschrift mit Rundgang vorrätig.

24 Das ehemalige Eros-Center

Die im Dunkeln sieht man nicht

Die Basis für die »goldene Zeit« der Zuhälterei schuf der Senat, als er 1967 Willi Bartels ermunterte, ein Großbordell zu errichten. Das Eros-Center an der Reeperbahn 170 (heute Point of Sex) galt damals als größtes Freudenhaus der Welt. Im Jahr darauf folgte einige Häuser weiter das Palais d'Amour (später Eros-Laufhaus, heute Pink Palace). Mit den »Mädchenheimen«, wie die Behörden sie nannten, wollte man die Huren von der Straße kriegen. Als wären die Frauen das Problem und nicht die Männer. Die konnten jetzt, ob als Freier oder Lude, ganz ungestört ihren Neigungen nachgehen.

Das erste große Zuhälterkartell, das sich ins Eros-Center einkaufte, soll die GMBH gewesen sein. GMBH meinte keine Rechtsform, sondern die Vornamen der »Manager« Gerd, Mischa, Beatle und Harry. So effizient wie brutal kontrollierten sie mehrere hundert Frauen, 120 Luden und scheffelten gewaltige 200.000 DM. Pro Monat. Pro Mann. Natürlich rief das Konkurrenz auf den Plan. Etwa die Nutella-Bande, Jungluden der GMBH, die sich gegen ihre Ziehväter verbündeten. Oder die als besonders gefährlich gehandelte Chikago-Bande vom Hans-Albers-Platz, von der es heißt, mit ihr sei der Kokainhandel auf den Kiez gekommen. Bald mischten Unzählige mit. Mal organisiert, mal auf eigene Rechnung, aber immer mit härtesten Bandagen. 1981 fiel das ungeschriebene Gesetz, Streitigkeiten ohne Waffen zu regeln. Chinesen-Fritz wurde in der Ritze erschossen. 1982 traf es SS-Klaus und »Angie« Becker. Es folgten Lackschuh-Dieter, Bayern-Peter und Neger-Waldi, um mal nur die Auftragsmorde des Killers Mucki Pinzner zu nennen. Was oft als gute alte Zeit romantisiert wird, war in Wahrheit eine Spirale der Gewalt, die sich schneller und schneller drehte. Heute gibt es keine schillernden Zuhälterfiguren mehr auf dem Kiez. Organisierte Kriminalität, Drogenelend und Menschenhandel aber sind geblieben. Im Dunkeln.

Adresse Reeperbahn 140/170, 20359 Hamburg | **Tipp** Das Top Ten an der Reeperbahn 136 avancierte in den 80ern zum Ludentreff, wo man angeblich friedlich miteinander umging. 1992 wurde allerdings ein Zuhälter im Eingangsbereich erschossen. Heute findet man dort den Nachtclub Moondoo.

25 Die ehemalige Gewerbeschule

Come, Mr. Tally Man, tally me St. Pauli

Eine der ältesten Berufsschulen Hamburgs befand sich von 1870 bis 2018 in der Wohlwillstraße 46. Als Allgemeine Gewerbeschule gegründet, entwickelte sie sich bald zur reinen Fachschule für den Hafen. Hier wurden Schiffs- und Bootsbauer ausgebildet, Segelmacher und Decksjungen, Schiffszimmerer und viele der alten Hafenberufe, die es heute entweder nicht mehr gibt oder nur noch so selten, dass sie der Öffentlichkeit aus dem Sinn geraten sind.

Ganz anders in den 1970er Jahren, als der Stückguttransport boomte. Bis zu 60.000 Arbeiter waren zu Hochzeiten im Hafen beschäftigt. Einige Tätigkeiten konnten von ungelernten Kräften ausgeübt werden. Schauermänner etwa, die sich um das Be- und Entladen der Frachter kümmerten, brauchten in erster Linie Muskeln. Tallymänner hingegen benötigten spezielles Wissen. Während des Löschvorgangs erfassten sie Menge und Qualität der Ladung. Da mussten sie fix rechnen können, wenn ein Frachter mit Bananen festgemacht hatte. Ewerführer, auch Schutenschubser genannt, transportierten die Stauden, Kisten, Säcke, Fässer oder Ballen mit Schuten zu den jeweiligen Lagern in der Speicherstadt. Dort sorgten Quartiersleute für die sachgerechte Aufbewahrung.

Automatisierung und Containertransport haben die Tätigkeiten weitgehend verdrängt. Für die meisten Berufe lohnt sich heute nicht einmal mehr eine eigene Berufsschulklasse, geschweige denn eine ganze Schule. Wer eine Ausbildung zum Bootsbauer/in oder Segelmacher/in absolviert, muss nun zum Unterricht nach Travemünde. Die letzten verbliebenen Hafenberufe, Fachkraft für Hafenlogistik und Hafenschiffer/in, werden seit 2019 in Hammerbrook unterrichtet. Die ehemalige Gewerbeschule Werft und Hafen wird bis 2023 vom Struensee Gymnasium als Ausweichquartier genutzt. Und danach? Hat St. Pauli eine weitere Immobilie mit Geschichte und ungewisser Zukunft.

Adresse Wohlwillstraße 46, 20359 Hamburg | **Tipp** Im Stadtteilwohnzimmer »WOHL ODER ÜBEL« werden Pläne für die Gewerbeschule geschmiedet. Interessierte sind herzlich eingeladen, sich über das Projekt Wohlville zu informieren, mitzumachen oder beim monatlichen Salon reinzuschneien (Termine unter wohloderuebel.net).

26_Das Erotic Art Museum

Kopfüber ins Kunstvergnügen

Das Erotic Art Museum, 1992 in der Bernhard-Nocht-Straße von einem Immobilienkönig eröffnet, wurde derart oft geschlossen, umgesiedelt und wiedereröffnet, dass irgendwann niemand mehr wusste, was nun gerade Sache war. Am Ende standen Zahlungsschwierigkeiten, Zwangsversteigerung und schließlich ein Rechtsstreit mit dem neuen Besitzer, bei dem es sich ebenfalls um einen berüchtigten Immobilienmogul handelte. Seitdem gelten Museumsgründer und große Teile der ursprünglichen Sammlung als verschwunden. Ein Jammer, umfasste sie doch mehr als 1.000 erotische Werke von beträchtlichem Wert, unter anderem von Pablo Picasso und Otto Dix.

Was ungünstigerweise nicht verschwand, war der Internet-Auftritt. Bis heute irren Menschen durch die Bernhard-Nocht-Straße auf der Suche nach den repräsentativen Räumlichkeiten mit der Hausnummer 69. Die es so längst nicht mehr gibt.

Zwei Häuser und zehn Hausnummern weiter aber überdauerte in der Erotic Art Museums Bar wenigstens das Lebenswerk des Künstlers Friedrich Frahm. Als 2017 Neuzugezogene ihre Schließung aus »Lärmschutzgründen« erwirkten, war die Entrüstung bei alteingesessenen Nachbarn groß. Fiete Frahm war hochgeschätzt im Quartier, ein echtes Original. Weder die Erinnerung an ihn noch seine Werke wollte man ganz ziehen lassen. Und so bilden Frahms Kiez-Collagen und Objekttüren den Grundstock für das neue Erotic Art Museum.

Der Platz in der ehemaligen Bar ist äußerst begrenzt. Das Ziel dafür umso engagierter. Mit wechselnden Ausstellungen und Schätzchen aus der Dunkelkammer von Günter Zint will das Erotic Art Museum die erotische Kunst zurück nach St. Pauli holen. Jeder Besucher bekommt eine persönliche Führung. Wird im Büro gerade nicht gearbeitet, darf man – auf einer Yogamatte liegend – die barocke Hängung von Frahms Collagen an der Zimmerdecke bewundern. Von hier hat man auch das alte Erotic Art Museum im Blick.

Adresse Bernhard-Nocht-Straße 79, 20359 Hamburg | **Öffnungszeiten** unter www.erotic-art-museum.com, kein Eintritt, Spenden willkommen, viele Kunstwerke käuflich | **Tipp** Auch die Erotic Art Museums Bar hat – samt Frahm-Collagen und Zint-Fotografien – eine neue Heimat gefunden: Lorsin Art Bar, Friedrichstraße 29.

27 Der Fernsehturm

Wo sich Hamburg im Kreis dreht(e)

Hamburgs höchstes Gebäude ist der Heinrich-Hertz-Turm, von dem allerlei Medien behaupten, der Volksmund würde ihn Telemichel nennen. Doch in Wahrheit sagt fast jeder schlicht Fernsehturm.

Als die Sendeanlage im Jahr 1968 in Betrieb ging, konnten sich 50.000 Haushalte mehr als zuvor über den Empfang des zweiten und dritten Fernsehprogramms freuen. Viel wichtiger aber waren die Aussichtsplattform mit Selbstbedienungsrestaurant und Kiosk sowie das Drehrestaurant in 130 Meter Höhe. Hier oben, quasi auf halber Treppe des 280 Meter hohen Bauwerks, speiste man etwas kostspieliger, dafür aber auf einer Drehscheibe. In gediegenem Tempo rotierte das Restaurant um die Achse des Fernsehturms, sodass man innerhalb einer Stunde das gesamte Stadtpanorama genießen konnte. Wer das nötige Taschengeld für ein Dinner nicht parat hatte, kam nachmittags. Da lockte das Drehrestaurant für 1,5 Stunden mit Kaffee und Kuchen satt. Viele kamen regelmäßig. Denn schönere Aussichten hatte es in Hamburg nie gegeben. Gibt es bis heute nicht.

Als der Fernsehturm 2001 eine Asbestsanierung hinter sich bringen musste, löste das keine Verzweiflungsschreie aus. Der Planung nach sollten die öffentlichen Plattformen noch im selben Jahr wieder freigegeben werden. Spätestens im nächsten Frühjahr, korrigierte die Baubehörde sich wenig später. Und hoffte kurz darauf, im Herbst loslegen zu können – mit einem völlig neuen gastronomischen Konzept.

Seitdem vergeht kaum ein Jahr, in dem der Fernsehturm nicht mit spektakulären Plänen von sich reden macht. Längst wagt dann niemand mehr, sich zu freuen. Wird ja doch wieder nichts, denkt man mittlerweile. Und hat sich mit der Zeit – so peu à peu – daran gewöhnt.

Aber jetzt!, hat der Bürgermeister offiziell verkündet: 2023 wird Wiedereröffnung gefeiert. Vielleicht schon zu Ostern. Vielleicht erst an Weihnachten. Aber ganz sicher.

Adresse Lagerstraße 2, 20357 Hamburg | Tipp Kaffee satt gibt's auch anderswo im Dreh –
unter anderem den St. Pauli Deathpresso in der Kaffeerösterei und -bar Kopiba. Beim
Grünen Jäger 24.

28 Das Festivalgelände

Hier spielt die Musik

Der wichtigste Ort auf St. Pauli ist: ganz St. Pauli an vier Tagen im September. Da ruht sich der Stadtteil ausnahmsweise nicht auf seinen zweifelhaften Lorbeeren aus, sondern gibt selbst den Takt an.

Beim Reeperbahn Festival, Europas größtem Clubfestival, versetzen mehr als 500 internationale Bands und Künstler Zehntausende Musikliebhaber in einen Glückszustand. Und es werden jedes Jahr mehr. 2006 als reines Musikspektakel gestartet, hat sich das Reeperbahn Festival zu einem der wichtigsten Treffpunkte der Musikindustrie weltweit entwickelt. Das Konferenzprogramm umfasst 250 Workshops, Vorträge, Diskussionen und ein Education-Programm für alle, die Branchenluft schnuppern wollen. Auch Popliteratur, Musikfilm und jede Menge bildende Kunst haben auf dem Festival Raum. So summiert sich das Angebot auf mehr als 900 Veranstaltungen. Allein die 90 Spielstätten sind das Ticket wert. Sie reichen vom Bunker bis zur St. Pauli Kirche, von Spelunken bis zum Schulmuseum, vom Molotow bis zum Mojo. Längst sind die Schallwellen über die Grenzen St. Paulis hinausgeschwappt, finden Konzerte in Elphi und Michel statt.

Besucher sollten gar nicht erst versuchen, alles, alles Sehenswerte mitzukriegen. Denn das ist unmöglich. Zwar scheint es verlockend, sich die großen Namen rauszupicken, die auf ungewöhnlich kleinen Bühnen performen. Doch dann steht man auch länger Schlange. Erlebt weniger Guerilla-Auftritte, Performances, spontane Block-Partys und spürt nicht die besondere Atmosphäre, die an diesen vier Tagen in den Straßen und Gassen knistert.

Die bessere Variante ist, sich treiben zu lassen. Dabei kommen Liebhaber von Pop, Elektro, Soul, Hip-Hop, Indie, Folk, Klassik, Jazz, Punk, Rock und so weiter auf ihre Kosten. Kaum ein Genre, das nicht stattfände. Im Kern dreht sich das Festival um Newcomer, und die rund 600 handverlesenen Konzerte können als ein einziger Geheimtipp gelten.

Adresse Ticket-Counter im Festival-Village auf dem Heiligengeistfeld, alles Weitere unter www.reeperbahnfestival.com | **Tipp** Ein Festival für Freunde von Vinyl und Trödel ist das wunderbare Chaos im Plattenladen Freiheit & Roosen in der Kleinen Freiheit 80, 22767 Hamburg.

29 Fischgroßhandel Petersen
Fisch ist nicht Wurst

Es gibt kein Bier auf Hawaii. Und es gibt kein Fischfachgeschäft auf St. Pauli. Letzteres scheint übler. Denn während man sich in der Südsee ja ganz gut mit exotischen Fruchtsäften über den Tag retten kann, gibt es für Fisch in einem Hafenviertel nun wirklich gar kein Substitut. Sicher, sicher, die ansässige Gastronomie brät, backt, kocht und mariniert vorzüglich. Auch könnte man in den Supermarkt ausweichen oder auf den Fischmarkt. Aber der gehört nun einmal zu Altona; genau wie die Eins-a-Adressen für frischen Fisch, Hummer und andere Meeresfrüchte in der Großen Elbstraße.

Zu St. Pauli gehört bloß eine Straße namens St. Pauli Fischmarkt und die Erinnerung an den Alten Fischmarkt, der hier ab 1870 seinen Platz hatte.

Seit dem 14. Jahrhundert war der Hamburger Fischmarkt südlich der St.-Petri-Kirche beheimatet. Doch als immer mehr Städter die Nase rümpften, wurde er nach St. Pauli umgesiedelt – wie alles, was irgendwie störte. Da traf er nun direkt auf den Markt der Stadt Altona und konkurrierte um die gleichen Besucher. Rein umsatzmäßig behielt Altona immer die Nase vorn. Dafür sah die Fischauktionshalle von St. Pauli noch ein wenig schöner und verspielter aus als die der Nachbarn. Doch so etwas hat Pfeffersäcke ja noch nie interessiert. Das Kleinod wurde Anfang der 1970er Jahre abgerissen. Angeblich hatte man Großes mit der Fläche im Sinn. Doch das lässt bis heute auf sich warten.

Und ebendort, wo sonst nichts Großes ist, schließt immerhin der Großhandel Petersen die Lücke, ach, diese entsetzliche Fischlücke von St. Pauli. Hartwig Diederich Petersen gründete sein Unternehmen 1887. Mittlerweile befindet es sich in vierter Generation in Familienbesitz. Zu den ersten Kunden gehörte der Tierpark Hagenbeck, und auch Konrad Adenauer ließ sich seinen Fisch von Petersen liefern. Privatkunden dürfen gern im Direktverkauf vorbeikommen.

Adresse St. Pauli Fischmarkt 19, 20359 Hamburg | **Öffnungszeiten** Privatkunden Mo–Fr vormittags | **Tipp** Von etlichen Fischräuchereien auf St. Pauli ist nur noch ein Gebäude geblieben. Es befindet sich in der Großen Freiheit 58–70 und verliert bei der aktuellen »Integration« in ein neues Wohnquartier hoffentlich nicht sein Gesicht.

30 Der Flaggschiffladen

Willkommen in Freak City

Die Öffnungszeiten des Flaggschiffladens von Rebelzer sind mit einer Circa-Angabe versehen. Kann schon mal sein, dass der Street-Art-Künstler einige Stunden, Tage oder Wochen später öffnet. Er ist eben ganz gern unterwegs in der Welt. Seinen Art-Store/Offline-Shop/sein Atelier definiert er daher auch mehr als Ankerplatz denn als Geschäft. Es ist aber kein weiteres Drama, vor verschlossener Tür zu stehen. Dann läuft man eben einfach der Nase nach durchs Viertel. Früher oder später trifft man schon auf einen Freak, Rebelzers Markenzeichen.

Der Legende nach entwickelte der gelernte Schilder- und Lichtreklamehersteller die Grinsgesichter nebenbei auf einem Telefonzettel. Heute grüßen sie von überall, so fröhlich, dass sie kunterbunt wirken, obwohl meist nur zwei- oder dreifarbig gehalten. Als größtes Werk Rebelzers gilt die 130 Meter lange und sechs Meter hohe Freak-Galerie an der U-Bahn-Waschanlage Legienstraße. Die kleinsten Kunststücke lassen sich aus dem Buttomaten ziehen.

Längst bevölkern Freaks auch Unna, Barcelona oder die Philippinen. Aber nirgends ist die Freak-Dichte höher als rund ums Millerntor, die Base des Vereins Viva con Agua. Rebelzer ist Gründungskünstler der Initiative, die sich für weltweite Trinkwasserversorgung einsetzt. Im Stadion begegnet man den Freaks daher an jeder Ecke. Ob animiert auf der Leinwand, auf Pfandbecher oder Trikots gedruckt, ob als limitierter Siebdruck für den guten Zweck oder großformatiges Mural.

Als echte Sympathieträger sind Bilder, Beutel, Buttons und Boards mit Freakmotiven ein beliebtes Mitbringsel. Wer zum Flaggschiffladen gekommen ist, um ein Andenken zu erstehen, muss sich dennoch nicht grämen, falls »leider« zu ist. In der Budni-Filiale nebenan verschönern Freaks das Toilettenpapier der Marke Goldeimer, Viva con Aguas kleiner Schwester. 20 Prozent der Verkaufserlöse fließen in gemeinnützige Hygieneprojekte.

Adresse Hein-Hoyer-Straße 47, 20359 Hamburg | **Öffnungszeiten** Mi–Sa circa 12–19 Uhr | **Tipp** Wer dem von Rebelzer gestalteten Wegweiser Richtung Millerntor folgt, erreicht nach 404 Metern das Mural am Bäderland.

31 Der Fleischgroßmarkt

Rund um den Meatpacking District

Würden Hamburgs Veganer und Vegetarier registriert, landeten die Schanze und das Karoviertel höchstwahrscheinlich weltweit auf den vorderen Plätzen. Je nach persönlicher Einstellung ist das entweder total folgerichtig oder irgendwie ironisch. Denn die beiden Hipster-Hotspots umarmen den zweitgrößten Fleischmarkt Europas. Dicker als der Bauch von Hamburg ist nur noch der von Paris.

Wer das Gelände zu Fuß umrundet, hat am Ende knapp zwei Kilometer auf dem Schrittzähler. Der alte Schlachthof war noch um etliches größer und nicht so angenehm blickdicht hinter Mauern versteckt. Beim Start am Haupteingang in der Lagerstraße erfreuen vis-à-vis die behutsam renovierten Viehmarkthallen. Heute beherbergen sie angesagte Gastronomie wie Tim Mälzers Bullerei, die Brauerei Ratsherrn oder die Kaffeerösterei Elbgold. Gleich dahinter, am Bahnhof Sternschanze, befand sich ab 1866 der erste Viehhof.

Auch auf der anderen Seite des Central-Schlachthofs wurde im großen Stil gehandelt, etwa auf dem Heiligengeistfeld, in der Rindermarkthalle und auf dem Pferdemarkt. Praktisch: Schlachtvieh konnte direkt durch Tunnel getrieben werden; zum Pferde- oder Schweineschlachthof und zu der Alten Rinderschlachthalle von 1913.

Das denkmalgeschützte Gebäudeensemble am Neuen Kamp trennte früher das Schanzen- vom Karoviertel. Heute kann es als verbindendes Element gesehen werden. Besonders am Sonnabend, wenn hier von 8 bis 16 Uhr der Antik- und Trödelmarkt Flohschanze stattfindet. Im Vergleich zum Gründungsjahr 2000 ist die Anzahl professioneller Antikhändler zwar deutlich gestiegen. Doch Stände mit Sonderposten findet man immer noch nicht.

Genau wie man auf dem Fleischgroßmarkt seit 1996 keine Schlachterei mehr findet. Ein wichtiger Arbeitgeber ist er dennoch geblieben. 250 Unternehmen und mehrere tausend Mitarbeiter sorgen beinahe rund um die Uhr dafür, dass (nicht nur) Hamburg satt wird.

Adresse Lagerstraße 17, 20357 Hamburg | **Tipp** Für »Unbefugte« ist das Gelände eigentlich tabu. Ausnahme ist das Delta Bistro. Auf den Mittagstisch kommt nicht nur Fleisch, sondern auch Fisch und Vegetarisches.

32 Friseur Pepi

Der Figaro von St. Pauli

Wenn der Junge einen vernünftigen Haarschnitt braucht, geht er zu Friseur Pepi. Das war schon so, als die Straßenbahn noch durch Hamburg zockelte. Seit 1961 steht Pepi, eigentlich Jozi Sustar, Tag für Tag in seinem winzigen Salon in der Seilerstraße. Zwölf Quadratmeter klein ist das Reich des Figaro und auf die charmanteste Art in den Sixties geblieben.

Seit Herr Sustar die Friseurstühle im Retrolook beim Ausverkauf einer Zahnarztpraxis günstig erstand, hat er schon viele Moden kommen und gehen sehen. Und gerade die richtigen hat er übersprungen, sodass er schon wieder als zeitgeistig durchgehen kann. Die angesagten Looks der Turbojugend schneidet Herr Sustar jedenfalls im Schlaf. Den Ultrakurzhaarschnitt verortet die Preisliste bei fünf Euro, ein Messerhaarschnitt kostet 18. Rentner und Studenten können Sonderpreise aushandeln.

Obwohl der Salon in Sichtweite der Ausnahme-Partyzone Hamburger Berg liegt, kann es hier tagsüber unheimlich ruhig sein. Wenn an warmen, langen Sommernachmittagen die Restaurants ringsum ihre Tische mit weißen oder rot karierten Decken aufs Trottoir stellen und Herr Sustar draußen auf Kundschaft wartet, überkommen einen beinahe italienische Gefühle.

Dann ist es fast wie in Michael Endes Märchen »Momo« vor dem Auftauchen der Herren von der Zeitsparkasse. Die bräuchten sich aber gar nicht erst vor Sustars Spiegeln niederzulassen. Nie ließe der gebürtige Slowene sich von ihnen übertölpeln wie Herr Fusi. Warum auch? Er hat ja ohnehin schon mehr erlebt, als in drei normale Leben passt.

Herr Sustar war in jungen Jahren ein hervorragender Tischtennisspieler, jugoslawischer Juniorenmeister im Skispringen und gehörte der Nationalmannschaft im Turmspringen an. Und seine Mittagspause lässt er sich ebenso wenig nehmen wie ein Schwätzchen mit den Nachbarn.

Adresse Seilerstraße 57, 20359 Hamburg, nur Herren, Tel. 040/313294 | **Öffnungszeiten** Di–Fr 9–12 und 13.30–18 Uhr, Sa 9–12 Uhr | **Tipp** Herr Sustar sitzt gern nebenan vor Mimo's Trattoria Italia. Das hat er mit vielen Nachbarn gemein. Mimo grenzt sich angenehm von den Touristenfallen rund um die Reeperbahn ab.

33 Die Galerie der Schlumper

Ein glücklicher Zufall

Mitten auf der angesagten Modemeile Marktstraße im Karolinenviertel liegt die Galerie der Schlumper. Wechselnde Ausstellungen präsentieren die Werke einer Ateliergemeinschaft, deren Zentrale sich am Neuen Kamp befindet. Das Besondere daran: Die Künstler sind dort fest angestellt. Und: Es handelt sich um Menschen mit psychischer oder geistiger Behinderung.

Outsider Art wird diese Kunst genannt. Das ist nicht unbedingt ein gelungener Begriff. Geht es doch gerade darum, die Künstler nicht ins Abseits zu befördern. Oder gar ihre Werke aus Mitleid zu präsentieren. Wer bei den Schlumpern beschäftigt ist, hat das aufgrund seines Talents geschafft. Der französische Fachbegriff Art brut passt da schon besser. Rohe Kunst.

Schlumper leben in ihrer eigenen Welt. Sie sind völlig unbeeindruckt von Moden und sehr direkt in ihren Ausdrucksformen. Ihre Kreativität ist oft so grenzenlos, dass sie gar nicht hinterherkommen, alle Ideen umzusetzen. Schon mancher Kunsttherapeut im Praktikum verzweifelte daran, Leinwände im nötigen Tempo zu spannen und Papier aufs rechte Maß zuzuschneiden.

Viele Schlumper haben ein Thema, dem sie sich immer wieder widmen. Sex natürlich, aber auch Selbstporträts oder gehäkelte Alltagsgegenstände, seltsam faszinierende Scherenschnitte und immer wieder Bilder, wie es sie zuvor noch nie gegeben hat. Schon einige Schlumper haben sich einen internationalen Ruf erarbeitet. Die Verkaufserlöse ihrer Werke fließen zurück in die Künstlergemeinschaft.

Gegründet wurde sie 1983 von Rolf Laute. Er wuchs als Sohn des Verwaltungsleiters in den Alsterdorfer Anstalten auf. Anfänglich arbeitete die Gruppe in einem provisorischen Atelier des DRK-Krankenhauses am Schlump. Der verdankt seinen Namen vermutlich dem niederdeutschen Wort für Schlamm. Im Nordfriesischen aber ist ein Schlump ein glücklicher Zufall. Und das gilt auch für die Galerie.

Adresse Marktstraße 131, 20357 Hamburg | **Öffnungszeiten** Mi–Fr 16–19 Uhr, Sa 11–17 Uhr, So 14–17 Uhr | **Tipp** Feinste Kunst braucht beste Rahmungen. Dafür steht die Galerie Palme in der Marktstraße 133 seit 1977.

34___Der Garten von Bethlehem

Wo man sich zu benehmen weiß

Stadtgrün hat es nie leicht, besonders schwer aber zwischen Hafenrand und der beliebten Corner Beim Grünen Jäger. Nach warmen Sommernächten versinken Vorgärten und Grünanlagen oft unter Scherben, Plastikbechern, Fast-Food-Packungen, Zigarettenstummeln, Hundekot und anderem Unrat. Doch es gibt Ausnahmen.

Eine liegt in der Budapester Straße, direkt gegenüber vom Millerntor-Stadion. Ein kleiner Garten, so winzig, dass man 100-mal vorübergehen könnte, ohne ihn wahrzunehmen. Er ist ein guter Ort, um die eigenen Vorurteile zu überprüfen.

Verantwortlich für das liebevolle Urban-Gardening-Projekt sind die Schwestern der Mutter Teresa. Seit 1989 kümmern sie sich gemeinsam mit Ehrenamtlichen und Helfern aus der Nachbarschaft um Obdachlose auf St. Pauli. Derzeit wirken fünf Nonnen zwischen 28 und 75 Jahren in dem unauffälligen Eckhaus. Hinter den Mauern, die so blau sind wie die Trachten der Schwestern, befinden sich ein Saal zur Armenspeisung und eine Herberge mit 16 Betten für wohnungslose Frauen und Kinder. Im Winter können zusätzlich 15 Männer übernachten. Es gibt eine Kleiderkammer und Duschmöglichkeiten, regelmäßig wird medizinische Versorgung organisiert. In der dritten Etage befinden sich eine schlichte Kapelle sowie die Unterkünfte der Schwestern. Die Ordensfrauen besitzen nichts. Gar nichts. Sie widmen ihr Leben ganz den Armen.

Und von denen gibt es viele. Sie kommen wochentags zum erweiterten Frühstück. Dann stehen mal 60, mal 150 Bedürftige vor der Tür. Am Sonntag, wenn warmes Essen ausgegeben wird, sind es oft sehr viel mehr. Und die, die da geduldig Schlange stehen, benehmen sich für St. Pauli ungewöhnlich: Niemand wirft Müll auf den Bürgersteig. Keiner schmeißt eine Bierflasche auf die Straße. Und der kleine Garten vor dem Haus Bethlehem bleibt sauber. Das scheint den zumeist obdachlosen Gästen selbstverständlich. Und das ist es ja eigentlich auch.

Adresse Budapester Straße 23a, 20359 Hamburg | **Tipp** Herbert Wolf, Seelsorger für Obdachlose beim Projekt Alimaus des Hilfsverein St. Ansgar e. V. am Nobistor, führt gern Gruppen nach Absprache durch die Einrichtung und gibt einen Einblick in die Arbeit für Obdachlose (www.alimaus.de).

35 Der Gebrüder-Wolf-Platz

Wo keen Jung mit'm Tüdelband steiht

Anfang des Jahrtausends durften sich verschiedene Verantwortliche eine Frage stellen, über die wohl jeder St. Paulianer ins Träumen geriete: Was macht man mit 28.000 Quadratmetern frei zu verplanender Fläche in diesem zwar extrem dicht bebauten, aber doch heiß geliebten, gefragten und lebendigen Viertel?

Die Antwort der Hamburger Oberbaudirektion lässt sich im Bavaria-Quartier bewundern.

Dort kommt man, insbesondere bei typischem Schietwetter, an einer Folgefrage einfach nicht vorbei: Was – um Himmels willen – haben sich die Leute vom Fach, die Architekten, Bauherren und andere Entscheider, bei der Neugestaltung gedacht?

Die Anlage wirkt leblos, beinahe abweisend, und höchstens in der Hafencity pfeift der Wind kälter durch Blocks und Hochhäuser als auf dem ehemaligen Gelände der Bavaria-St. Pauli-Brauerei.

Wo früher der alte Astra-Turm (in Biertulpenform!) in die Höhe ragte, findet sich heute nicht die kleinste Reminiszenz an die über 100-jährige Geschichte des Traditionsbetriebs. Weniger Lokalkolorit ist nirgends auf dem Kiez. Dass der zentrale Platz ausgerechnet den Gebrüdern Wolf gewidmet ist, scheint da beinahe ironisch. Gehörten die Schlachtersöhne Ludwig, Leopold und James-Isaac doch zu den größten Identitätsstiftern überhaupt auf St. Pauli. Ihre Revuen waren Kassenschlager im Neuen Operettenhaus am Spielbudenplatz. Und bis heute können Kinder an Elbe und Alster mindestens den Hit von »En echt Hamborger Jung« mitsingen. Dass man aber an einer Ecke des kühlen Gebrüder-Wolf-Platzes ein Kind mit'm Tüdelband zu sehen bekommt, ist unwahrscheinlich.

Immerhin erinnert eine Gedenktafel an die internationalen Erfolge der Künstler, das 1939 verhängte Auftrittsverbot, Flucht, Deportation und die Ermordung von James Wolf in Theresienstadt 1943. Da hatten die Nazis die Lieder der Brüder längst zum »Deutschen Liedgut« erklärt. Merke: Es geht immer noch zynischer.

Adresse Gebrüder-Wolf-Platz, 20359 Hamburg | **Tipp** Architektonisch gelungen und preisgekrönt ist das Empire Riverside Hotel an der Ecke Bernhard-Nocht-Straße/David-straße. Ein Besuch der Bar 20up zur blauen Stunde ist wie ein Liebeslied für die Stadt.

36 Die Geldautomaten

Nur Bares ist Wahres

Die Haspa-Filiale an der Reeperbahn definiert sich als Nachbarschaftstreff. Besucher sind willkommen, Kunden oder nicht, sich in einem speziell reservierten Bereich ein wenig auszuruhen. Dort präsentieren sich rund um einen großen Holztisch Unternehmen und Künstler. Liegen Tageszeitungen und Tablets aus. Gehen Kaffee und Tee aufs Haus. Nur Geldautomaten findet man innerhalb der Filiale nicht. Die müssen leider draußen bleiben.

Seit Jahren wabert das Gerücht durch Zeitungsartikel, Bücher, Blogs und Kiezführungen: Die drei Geldautomaten an der Reeperbahn 70 sind die umsatzstärksten in ganz Deutschland. Je nach Quelle sollen 29 Millionen Euro jährlich oder sogar 17 Millionen Euro pro Woche aus dem Schlitz gezogen werden. Angeblich kann jeder der speziell gesicherten Automaten mit 250.000 Euro bestückt werden.

Sparkassenmitarbeiter Herr Kriese (kein Spitzname!) will sich da nicht festlegen. Ein wenig Legendenbildung gehöre auf dem Kiez immer dazu. Aber immerhin lässt er sich zu der Aussage hinreißen, dass es vermutlich schlechtere Lagen für Geldautomaten gibt als die Ecke zur Hein-Hoyer-Straße gleich gegenüber vom Spielbudenplatz.

Auf der Reeperbahn rollt der Rubel eben immer noch am besten in bar. Das unterscheidet St. Pauli vom Frankfurter Bankenviertel oder der Spielbank Baden-Badens ebenso wie die Tatsache, dass kein Geldhaus in der Gegend einen Vorraum mit Geldautomaten zur Verfügung stellt. Zu groß die Wahrscheinlichkeit der Zweckentfremdung. Für Drogenhandel oder -konsum, als Aufwärmstube, Ausnüchterungszelle, Liebesnest, Trickbetrugszentrale, Toilette oder Schlimmeres.

Und so bildet sich ab Freitagabend eine lange Schlange auf dem Bürgersteig vor den Geldautomaten, die manchmal bis zum Sonntagmorgen nicht abreißt. Wenigstens ist das Rahmenprogramm nicht schlecht. Auch Straßenkünstler wissen die Lage zu schätzen. Ein Publikum ist ihnen hier sicher.

Adresse Hamburger Sparkasse, Reeperbahn 70, 20359 Hamburg | **Tipp** Raubüberfälle sind auf dem Kiez kein großes Problem – Taschendiebstähle aber umso mehr. Vorsorge kann nicht schaden: www.polizei.hamburg/taschendiebstahl.

37 Der Goldene Handschuh

Ein Großstadtroman

Die Zutaten einer klassischen Kiez-Kaschemme: schrabbeliger Tresen, abgewetzte Tische, holzvertäfelte Wände und ein möglichst zweifelhafter Ruf. Der Goldene Handschuh hat ihn sich wahrlich verdient. »Ab 04 Uhr morgens« wird hier getrunken, behauptet ein Schild im Fenster. Aber das stammt noch aus den 1950er Jahren. Da war der Goldene Handschuh ein Frühstückslokal und ab mittags geschlossen. Heute ist er rund um die Uhr geöffnet. An 365 Tagen im Jahr.

Betrieben wird die Kneipe von den Enkeln des Gründers Herbert Nürnberg. Er benannte sein Lokal nach den »Golden Gloves«, die er einst bei der inoffiziellen Weltmeisterschaft der Amateur-Boxer gewann. Im Volksmund wurde die Absturzstätte später zur Honka-Stube. Ihr setzte Heinz Strunk 2016 ein literarisches Denkmal und brachte sie damit wieder weit über die Grenzen Hamburgs hinaus in die Schlagzeilen. So weit wie damals, Mitte der 70er Jahre, als der Serienmörder Fritz Honka für seine Untaten vor Gericht stand, verteidigt von Promi-Anwalt Bossi.

Honka hatte vier Frauen auf bestialische Weise getötet, sodann zerstückelt und über Jahre in seiner Wohnung verwahrt. Gefunden hatte er die Opfer im Goldenen Handschuh. Arme Seelen, die selbst für die rohen Verhältnisse auf St. Pauli zu tief gefallen waren, als dass ihr Verschwinden bemerkt worden wäre.

Strunks hochgelobter Roman »Der Goldene Handschuh« zeichnet in mehr als expliziter Sprache diese Geschichte und gleichsam das Nachkriegselend eines kaputten Landes nach. Das Buch ist stellenweise kaum auszuhalten. Man würde es wohl schnell zur Seite legen, wäre da nicht Strunks Sensibilität für seine Figuren. Er benennt die Leiden jenseits der Kiez-Klischees und vermeidet es tunlichst, sich für sein Wissen als Kenner zu feiern. Und so ist der Goldene Handschuh nicht nur Schauplatz schauriger Geschichte, sondern auch der Ort, an dem St. Pauli endlich seinen Dichter fand.

Adresse Hamburger Berg 2, 20359 Hamburg | **Tipp** Härter als der Goldene Handschuh ist –
nach Eigenauskunft – nur noch der Elbschlosskeller gegenüber. Ebenfalls nie geschlossen.

38_ Der Haartreff

Das wirklich wahre St. Pauli

Im Telefonbuch ist der Friseur unter Salon Angela aufgeführt. Der Leuchtreklame nach hingegen heißt der Laden Haartreff. Also wie denn nun?

»Tja«, sagt Heike Ullwerich, »gute Frage.« Sie lacht. Und Salon-Liebling Pia wedelt mit dem Schwanz. Die Leuchtreklame sei ein Schnäppchen gewesen. Habe man sich nicht entgehen lassen können. Schon gar nicht Seniorchefin Angela Ullwerich, die ein Händchen für gute Geschäfte hat und ihr eigenes 1982 eröffnete. Aus dem ruhigen Hamburger Osten kommend, musste sie sich an St. Pauli erst einmal gewöhnen. Für Tochter Heike aber, die hier ihre Ausbildung absolvierte und mittlerweile den Laden schmeißt, schloss sich ein Kreis.

Heikes Großmutter väterlicherseits besaß in den 1920er Jahren ein Friseurgeschäft am Hamburger Berg. Ihr Großvater arbeitete für Chong Tin Lam, den Besitzer der Hong Kong Bar. Dessen Tochter wiederum gehört heute zur Stammkundschaft im Haartreff. Ebenso Hausbesetzer der ersten Hafenstraßen-Generation, Damen aus dem Milieu oder der Herr Kulturredakteur, der vor langer Zeit nach München zog, aber immer mal wieder vorbeischaut.

St. Pauli ist ein Dorf. Das behaupten die Bewohner immer wieder. Auch wenn es natürlich ein spezielles Dorf ist, wie sich auch an der Kundschaft im Haartreff zeigt. »Menschen von 0 bis 99«, sagt Heike, »arm wie reich, jede Nation, jede Szene, jede sexuelle Orientierung, jedes Geschlecht.« Und dass es davon mehr als zwei gibt, das war ihr schon in den 80ern bekannt.

Damals kam Katharina die Große, die als Mann in Österreich Politik machte und als Frau die benachbarte Kneipe »Toom Peerstall« führte, regelmäßig zum Waxing. Die Prozedur fand im Keller statt, verrät Heike. Die Leute wären damals noch nicht so offen gewesen wie heute. Was sich seitdem sonst noch verändert hat auf dem Kiez? »Sonnenbänke«, sagt Heike nach kurzem Überlegen, »früher gab's viel mehr davon.« Und dann lacht sie wieder.

Adresse Clemens-Schultz-Straße 52, 20359 Hamburg, Tel. 040/316406 | **Tipp** So muss der Hundehimmel riechen. Herrchen und Frauchen halten zwar die Luft an, aber ihre Lieblinge schwören auf frischen Pansen und Hühnerfüße vom Hundeladen in der Hein-Hoyer-Straße 12.

39__Die HADAG-Fähren

Auf den Wellen, die das Tor zur Welt bedeuten

Ab 1840 wurden die Werften mit zunehmender Technisierung zu echten Big Playern. Den nötigen Platz verschafften sie sich durch die Aufschüttung von Steinwerder und dem Kleinen Grasbrook. Zu Tausenden brachen nun frühmorgens in den Vorstädten und Arbeitervierteln die Männer auf. Von Hamm und Barmbek, Eppendorf oder Eimsbüttel zogen sie sternförmig zu den Hafentreppen von St. Pauli. So hatten viele schon einen stundenlangen Marsch hinter sich, bevor der anstrengendste Part ihres Arbeitsweges anstand: die Überquerung der Elbe. Erst nachdem sie in Fahrgemeinschaften über den Fluss gerudert waren, begannen die unzumutbar langen Schichten in den Werften, Lagerhallen und Veredelungsbetrieben. Noch sträubten sich Arbeitgeber, die Arbeitszeit auf zehn Stunden und sechs Tage die Woche zu begrenzen. Doch die zwangsläufige Verelendung der Männer war natürlich schon ein Problem. Auch brachten Tide und ungünstige Wetterverhältnisse regelmäßig den Betrieb ins Stocken, und der zunehmende Schiffsverkehr forderte allmählich eine gewisse Koordinierung. Darum erhielt der Ingenieur Ernst Hadenfeldt die Konzession für eine regelmäßige Dampffährverbindung im entstehenden Freihafen.

Am 8.8. im Jahr 1888 wurde die Hafen-Dampfschiffahrts-Actien-Gesellschaft, kurz HADAG, gegründet. Kostendeckend ließ sich der Betrieb nicht über die Passagiere regeln. Die Tickets wären für die Arbeiter viel zu teuer geworden. Daher übernahm die Stadt das Aktienpaket – und schoss zu. Bis heute. Auf St. Pauli starten die einzigen Hafenfähren der Welt, die keinen Aufpreis zum üblichen ÖPNV-Tarif erheben. Touristen nutzen die sechs Fährlinien allzu gern als günstige Alternative zur Hafenrundfahrt. Darum darf man bei gutem Wetter auch nicht den Fehler begehen, die äußerst beliebte Linie 62 zu betreten. Besser ist dann die 61. Sie steuert nach Neuhof, wo man nach Feierabend höchstens mal ein paar Anglern begegnet.

Adresse Landungsbrücken 1–3, 20359 Hamburg | **Öffnungszeiten** Fahrpläne
unter www.hadag.de | **Tipp** In Wahrheit sind die Fähren gar keine Alternative zur
Hafenrundfahrt, sondern ein gänzlich anderes Erlebnis. Am meisten Erfahrung hat
Barkassen-Meyer gesammelt. Seit 1919 an Landungsbrücke 6.

40 Hagenbecks Geburtshaus

Antje Ahnen

Über zoologische Gärten mag man geteilter Meinung sein. Aber so viel muss man Carl Hagenbeck zugutehalten: Er erfand Zooanlagen ohne Gitter, meldete sie zum Patent an und setzte diese völlig neue Art der Tierhaltung – trotz immenser Kritik aus Fachkreisen – 1907 in Stellingen um.

Vielleicht war das Bemühen nur folgerichtig für einen Jungen aus der früheren Großen Petersenstraße. Es gibt wohl wenige Stadtteile, die derart viel Tierleid gesehen haben wie St. Pauli. Man denke nur an die gigantischen Schlachtanlagen in der Schanze, winzige Käfige in Alfred Brehms Tiergarten, Volksbelustigung in den festen Manegen am Zirkusweg oder eben Carl Hagenbecks Geburtshaus in der heutigen Lincolnstraße 33.

Hier stellte Hagenbeck senior, ein Fischgroßhändler, im Nebenerwerb Seehunde in Bottichen zur Schau. Als ein Affe hinzukam, ein sprechender Papagei und schließlich sogar ein Eisbär, eröffnete er eine Menagerie nebst Handel auf dem Spielbudenplatz. Carl junior übernahm das Geschäft und siedelte zum Neuen Pferdemarkt um. »Hagenbeck's Thierpark« galt als größte Tierhandlung der Welt.

Nebenbei stieg er ins Business der Völkerschauen ein. Es war die Blütezeit der Menschenzoos in Europa. Und Carl Hagenbeck einer der Vorreiter. Ganze Familien wurden im außereuropäischen Ausland entführt, um in stereotypen Kulissen ausgestellt zu werden. So auch fünf Männer und Frauen vom Stamm der Kawesqar, denen Hagenbeck griffige Namen verpasste und die er auf Tournee schickte. Ihre Gebeine fand man 130 Jahre später in Zürich. 2010 wurden sie nach Chile überführt, wo man sie mit einem Staatsakt empfing und endlich beerdigte. Die historischen Gebäude rund um Hagenbecks Geburtshaus überließ die SAGA dem Verfall. 2004 wurde der Komplex abgerissen. An den Neubauten erinnern zwei unscheinbare Reliefs an den Zoodirektor. Hagenbecks Tierpark ist bis heute die beliebteste Sehenswürdigkeit Hamburgs.

Adresse Lincolnstraße/Trommelstraße, 20359 Hamburg | **Tipp** Der letzte Menschenzoo auf St. Pauli ist die Punkrock-Spelunke in der Hopfenstraße 34.

41 Der Hamburger Dom

Auf Deutschlands längstem Volksfest

Endgültig erwachsen geworden sind Hamburger, wenn sie nicht mehr dem nächsten Dom entgegenfiebern. Vielmehr setzt ab einem gewissen Alter das Gefühl ein, es sei ständig Jahrmarkt auf St. Pauli. Manche gehen sogar dazu über, die Nase zu rümpfen. Dabei ist der Dom ein echtes Kulturgut. Bereits im 11. Jahrhundert strömten zur Weihnachtszeit fliegende Händler in die Gewölbe des Mariendoms am Speersort. Dabei ging es nicht übertrieben christlich zu. Gaukler, Musik und hochprozentige Erfrischungen gehörten in Hamburg einfach dazu. An der Elbe war man ja nie besonders heilig. Nicht einmal einen Bischof konnte der Dom vorweisen. Als auch die Gemeinde gegen null schrumpfte, ließ der Senat das nutzlose Bauwerk abreißen. Die Händler wollte man aber an sich binden. Sie durften sich fortan auf verschiedene Marktplätze verteilen.

1880 schwappte die vorweihnachtliche Welle auf den Spielbudenplatz. Durch die Elektrifizierung der Fahrgeschäfte wuchs bald auch der Platzbedarf. Karussellkönig Hugo Haase, der später den Beinamen »größter Schausteller aller Zeiten« erhielt, zog als Erster auf das Heiligengeistfeld. Ab 1900 konzentrierten sich dort sämtliche Schausteller.

Die Weltwirtschaftskrise machte ihnen das Reisen schwer. Darum ließen die Behörden 1930 eine zweite Dom-Saison zu, den Frühjahrsdom. Der Sommerdom wurde nach dem Zweiten Weltkrieg genehmigt. Als »Ausgleich für die verloren gegangenen Reisegebiete in der sowjetisch besetzten Zone«. Seitdem duftet St. Pauli drei Monate im Jahr nach Zuckerwatte, und der Dom ist der ausdauerndste Rummel im Land.

Selbst die ältesten Hamburger finden hier neben immer neuen Attraktionen auch die Klassiker ihrer Kindheit. Wie Vespermanns Bodenkarussell, das schon seit 1902 seine Runden dreht, den Rotor aus den 50er Jahren oder das Kettenkarussell Wellenflug aus den 70ern. Und wer sich ein kindliches Gemüt bewahrt hat, geht hin.

Adresse Heiligengeistfeld, 20359 Hamburg | **Öffnungszeiten** Das jeweils vierwöchige Volksfest startet Mitte März, Ende Juli und Anfang November. | **Tipp** Zu schön, um achtlos vorbeizugehen, sind die historischen Fotos auf den Planen der Absperrgitter am Eingang Feldstraße.

42 Das Hans-Albers-Denkmal

Eine billige Kopie

Kopfsteingepflastert, von denkmalgeschützten Häusern umschlossen, bei Nachtschwärmern beliebt und gekrönt mit der Skulptur eines der größten deutschen Filmhelden, geschaffen von einem der bekanntesten deutschen Künstler, müsste der Hans-Albers-Platz eigentlich ein besonders stimmungsvoller Ort sein. Ist er aber nicht.

Das fand auch Jörg Immendorff, der in den 1980er Jahren die La-Paloma-Bar zwischen Hans-Albers-Eck und Hans-Albers-Klause betrieb und so illustre Kollegen ausstellte wie Georg Baselitz, Julian Schnabel oder Joseph Beuys. »Was liegt näher, als auf dem tristen Hans-Albers-Platz ein – längst überfälliges – Denkmal für den großen Sohn dieser Stadt aufzustellen«, soll Immendorff gesagt haben, als er dem Senat ein solches anbot. Ein Angebot, das der Senat nicht ausschlagen mochte, denn kosten sollte es nichts. Zudem hatte Immendorff recht. Der Schlachtersohn Hans Albers aus St. Georg gehört zu den mythischen Persönlichkeiten auf dem Kiez. Besonders der Film »Große Freiheit Nr. 7« nebst Soundtrack ist eng mit den Vorstellungen von St. Pauli verbunden. Wobei der Stadtteil für Albers deutlich weniger wichtig war als der große Volksschauspieler für St. Pauli. Beruflich spielte Berlin die Hauptrolle in Albers Leben, privat seine Wahlheimat Bayern. Dennoch beziehen sich auch 60 Jahre nach seinem Tod allerhand Lokalitäten rund um die Reeperbahn auf den blonden Hans. Nur Albers' ungeheure Strahlkraft, die spiegelt sich nirgends.

Auch nicht in Immendorffs Denkmal, das dem Seemann Popeye erstaunlich ähnelt. Der Künstler behauptete einige Jahre nach der Aufstellung, der Hans-Albers-Platz sei seiner Skulptur nicht würdig. Darüber geriet er in heftigen Streit mit dem Senat, auf dessen Höhepunkt er das Denkmal abbauen und nach Düsseldorf schaffen ließ. Bis heute steht das Original dort mit Blick auf den Rhein. Und an der Elbe befindet sich nur noch eine Kopie.

Adresse Hans-Albers-Platz, 20359 Hamburg | **Tipp** Der Ton ist ruppig, die Zutaten kommen aus der Dose, die Schlange am Verkaufsfenster reicht manchmal ins Unendliche. Und trotzdem gehört für viele nach der Kiezsause eine Mini-Pizza im Alt Hamburg (Hans-Albers-Platz 3) einfach dazu.

43_ Die Hanseplatte

Support your local Plattenladen

Auf dem Lattenplatz der um die Jahrtausendwende liebevoll renovierten Alten Rinderschlachthalle, die bei Einweihung 1913 noch Neue Rinderschlachthalle hieß, schlägt das Herz von Musikliebhabern immer einige Takte schneller. Nicht nur, wenn der traditionsreiche Musikclub Knust ihn im Sommer bespielt. Sondern generell – weil Musik hier generell ernst genommen wird. Etwa im Laden Hanseplatte, der sich ganz auf Hamburger Musikschaffende konzentriert.

Die Hanseplatte logiert in der hintersten Ecke des Musikhauses Karostar. Das von Stadt und EU geförderte Projekt wurde speziell für UnternehmerInnen aus der Musikbranche gegründet. Bezahlbare Mieten, garantierte Mietverhältnisse und gemeinsam genutzte Infrastruktur sollen ExistenzgründerInnen zu einem guten Start verhelfen.

Eine Anschubfinanzierung erhielt die Hanseplatte von RockCity, dem ebenfalls hier ansässigen Verein für Popularmusik aus Hamburg Town. Inzwischen muss sich der Laden selbst tragen. Da es mit Tonträgern allein nicht einfach ist, umfasst das Angebot auch jede Menge Devotionalien mit Ankern drauf, Kleidung, Schmuck und ausgewählte Bücher. Eines davon hat einer der Gründer, Gereon Klug, selbst verfasst. »Low Fidelity« versammelt die ultrawitzigen Newsletter, die er unter dem Pseudonym Hans E. Platte als »Briefe gegen den Mainstream« schrieb.

Massengeschmack kommt also nicht so gut in der Hanseplatte. Es reicht auch nicht, bloß Hamburger zu sein oder in der Stadt zu leben, um hier verkauft zu werden. Lotto King Karl läuft beispielsweise nicht. Tocotronic dafür umso besser. Wer schon alle Platten der Lokalmatadoren und Newcomer der Hamburger Szene besitzt, stöbert in den Empfehlungen ansässiger Musiker. Was DJ Koze, Schorsch Kamerun oder Knarf Rellöm von außerhalb der Stadtgrenzen gut finden, ist fast so spannend wie ein Mixtape vom Teenieschwarm und lohnt allein schon den Besuch in der Hanseplatte.

Adresse Neuer Kamp 32, 20357 Hamburg | **Öffnungszeiten** Mo–Fr 11–19 Uhr, Sa 10–18 Uhr | **Tipp** Mehr Vinyl gibt es gegenüber bei Smallville, dann ab über die Brücke ins Karoviertel zu Zardoz, Groove City, Fischkopp und Ruff Trade.

44 Das Heiligengeistfeld

Platz ohne Dom

Am 6. November 1918 übernahm ein provisorischer Arbeiter- und Soldatenrat die Macht im Hamburger Rathaus. In den Mittagsstunden versammelten sich 40.000 Arbeiter, Matrosen und Soldaten auf dem Heiligengeistfeld. Es war die erste Massenkundgebung der neuen Republik. Nicht jedoch die erste überhaupt – und auch nicht die letzte – auf der größten innerstädtischen Freifläche, die wie durch ein Wunder bis heute unbebaut blieb.

Ursprünglich beschrieb das Heiligengeistfeld die Ländereien des »Hospitals zum Heiligen Geist«. Sie reichten vom Pferdemarkt bis in die Neustadt. Heute ist nur mehr das 20 Hektar große Veranstaltungsgelände gemeint, auf dem an drei Monaten im Jahr der Hamburger Dom stattfindet.

Häufig genug ist das Heiligengeistfeld aber auch beinahe menschenleer. Wäre die Weite mitten in der Stadt nicht so herrlich, könnte man sich dann gottverlassen fühlen. Beinahe wie um 1600, als sich das Heiligengeistfeld noch außerhalb der Stadtmauern befand. Rund 200 Jahre wurde es als Glacis genutzt, also als freies Feld, das Angreifern keine Deckung bot. Später fanden hier militärische Veranstaltungen statt, Feiern und Paraden, zunehmend auch politische Kundgebungen und Vergnügen aller Art wie Zirkusse und heute undenkbare »Völkerschauen«.

1902 entstand an der Ecke Glacischaussee/Budapester Straße die größte Sporthalle Norddeutschlands – so etwas wie die Urzelle des FC St. Pauli. Auch andere Sportvereine ließen sich nieder. Viele wurden ab 1933 von den Nazis verboten. Statt Vielfalt phantasierten diese von der Fusion des FCSP mit dem HSV zum Megaclub und der »Halle der Hunderttausend«, einem Veranstaltungstempel mit 100.000 Steh- und 180.000 Sitzplätzen. Seit 1942 mahnt der Bunker an der Feldstraße, wohin Hass und Größenwahn führen. Und das ist vielleicht noch so ein Grund, warum in der Nachbarschaft Faschisten und Rassisten alles andere als erwünscht sind.

Adresse Heiligengeistfeld, 20359 Hamburg – wenn kein Dom stattfindet, kein Public Viewing, kein Reeperbahn Festival, kein Schlagermove und kein Heimspiel des FCSP | **Tipp** Direkt am Heiligengeistfeld, in der Gegengerade des Stadions, lockt das FC St. Pauli-Museum mit wechselnden Ausstellungen zur Clubgeschichte (blog.1910-museum.de/museum).

45 Die Heilsarmee

Wo die Not besonders groß ist

Blut und Feuer. Das Motto auf dem Wappen der Heilsarmee klingt nach »Game of Thrones«. Auch optisch würde sich das Hauptquartier besser in Westeros ausmachen als zwischen Kneipen, Clubs und Sexshops. Aber hier werden die Offiziere und Majore der vielleicht friedfertigsten Armee der Welt nun mal dringend gebraucht.

Gegründet wurde die Heilsarmee 1865 in London von William und Catherine Booth. Ihre Salvation Army kannte von Anfang an keine Berührungsängste gegenüber Gestrauchelten, Alkoholikern und Prostituierten. Es gehört im Gegenteil zum Selbstverständnis der Heilsarmee, dorthin zu gehen, wo die Not besonders groß ist.

In Hamburg tun die uniformierten Streetworker ihren Dienst seit 1890. Sie waren schon 1892 bei der Cholera-Epidemie im Gängeviertel dabei. Das Haus in der Talstraße 13 kaufte die Organisation 1922. Zuvor beherbergte der Backsteinbau von 1890 eine sogenannte Penne, eine Übernachtungsmöglichkeit für kleines Geld und robuste Gäste. Hier schlief man stehend, gehalten nur von dicken Tauen unter den Armen. Volltrunkenheit war durchaus hilfreich, wenn man »in den Seilen hing«.

Heute nehmen 70 bis 90 Menschen pro Tag die Hilfe der Heilsarmee an. Sie kommen für eine warme Mahlzeit, eine Jacke, einen Haarschnitt oder ein Gespräch. Zumeist handelt es sich um obdachlose Männer. Aber auch bedürftige Frauen finden hierher, Flüchtlinge und alte Menschen auf der Suche nach sozialem Kontakt. Sie alle gelten bei der Heilsarmee als Gäste, die Respekt und Wertschätzung verdienen. Gleichheit ist überhaupt ein wichtiger Wert der freikirchlichen Organisation. Schon seit 150 Jahren haben Frauen auf allen Hierarchieebenen die gleichen Rechte wie Männer.

Um ihre Arbeit leisten zu können, ist die Heilsarmee auf Spenden angewiesen. Wer beim Kiezbummel auf Mitglieder in blauer Uniform, bewaffnet mit Kreuz, Gitarre und Spendenbüchse, trifft, darf gern großzügig sein.

Adresse Talstraße 13, 20359 Hamburg | **Tipp** Wer keine Suppenküche nötig hat, dankt schon allein dafür Gott – oder für Blini, Piroggen, Borschtsch und russische Eier in der Kuchnia, Talstraße 87.

46 __ Der Hein-Köllisch-Platz
Heiter bis anarchisch

An einem milden Abend vorm Café Geyer zu sitzen und zu beobachten, wie die Leute den Platz genießen, das hätte Hein Köllisch
sicher gefallen. Der erste Popstar von St. Pauli ist hier aufgewachsen.
Und er liebte die Menschen. Ebendeswegen jubelten sie ihm ja so
zu, machten ihn zum Idol – ganz ohne Radio und Fernsehen. Der
Platz hieß da noch Paulsplatz und lag in einer einigermaßen verru-
fenen Gegend. »St. Liederlich« nannte der Volksmund das Quartier
zwischen Hafenrand und Davidstraße. Vor allem Matrosen amü-
sierten sich im Gewirr der Gassen, und Schlägereien waren an der
Tagesordnung.

Der Sprung in die glitzernde Welt der Theater, Clubs und Varietés
von »St. Lustig« gelang Köllisch 1892. Da war er bereits 35 Jahre alt
und sollte nur noch neun Jahre leben. Doch ihm reichte die Dekade,
um zunächst den Spielbudenplatz und schließlich ganz Hamburg
mit seinen Couplets zu verzaubern. Er sang die heiter bis anarchi-
schen Lieder zu populären Wiener Melodien auf Plattdeutsch. Nur
zwei Jahre nach seinem ersten Auftritt eröffnete der Künstler, der
stets in Frack und Zylinder auftrat, sein eigenes Theater: das Hein
Köllisch Universum.

Der Platz, der seit 1949 Köllischs Namen trägt, war lange nichts als
eine laute Verkehrsinsel. Bis in die 70er Jahre ratterten die Straßen-
bahnlinien 1 und 7 dicht an den Gründerzeithäusern entlang. Erst
Mitte der 80er entstand die Ruheoase, die zum Teil zu St. Pauli-Süd
gehört und zum anderen zu Altona-Altstadt.

Im alten Wachhäuschen der Zollbeamten ist heute die Kneipe
Doppelschicht beheimatet. Granitplattenbahnen und Pflastersteine
erinnern an Altonas Zugehörigkeit zu Preußen und ein bisschen
an die Gehwege in Berlin. Der Bildhauer Thomas Darboven war
federführend an der Gestaltung beteiligt. Er setzte sich auch für die
Anpflanzung von Kirschbäumen ein. Zur Blütezeit ist der Hein-
Köllisch-Platz seitdem am schönsten.

Adresse Hein-Köllisch-Platz, 20359 Hamburg | **Tipp** Das Stadtteilzentrum Kölibri veranstaltet regelmäßig Küchenkonzerte. Essen lecker, Eintritt frei – Spenden in die Kochmütze.

47 Die Heinestraße

Undank ist der Hanseaten Lohn

Wer die Heinestraße sucht, muss seit ihrer Umbenennung im Jahr 1938 zum Hamburger Berg. Die Nationalsozialisten hatten damit das Ziel verfolgt, die Erinnerung an Salomon Heine auszulöschen. Es ist ihnen gar nicht mal schlecht gelungen. Auch wenn der Name recht geläufig ist, nicht zuletzt wegen des Neffen Heinrich, der sich das Dichterleben vom Onkel finanzieren ließ, ist längst nicht bekannt genug, dass Salomon Heine der größte Mäzen und Wohltäter war, den Hamburg je gekannt hat.

Der gebürtige Hannoveraner, Selfmade-Phantastillionär und Bankier lieh der Stadt nach dem Großen Brand von 1842 die damals gigantische Summe von 500.000 Mark. Ohne jede Sicherheit. Auch erhöhte er die Kreditzinsen nicht, wie alle anderen Bankhäuser es taten, und gab öffentlich bekannt, dass er von jedem in Not geratenen Kaufmann einen Wechsel von 15.000 Mark annehme.

Unzählige Handelshäuser wären ohne Salomon Heine bankrottgegangen. Und dennoch verlieh man ihm nie die Ehrenbürgerwürde. Nicht einmal normale Bürgerrechte hat er je erhalten. Denn Salomon Heine war Jude. 1841 ließ er zum Andenken an seine Frau Betty das Israelitische Krankenhaus an der Simon-von-Utrecht-Straße errichten. Es sollte ausdrücklich den Bedürftigen aller Konfessionen offenstehen. Und auch wenn man ihm den Wunsch versagte, dem Krankenhaus den Namen seiner Frau zu geben, so trug doch jedenfalls die darauf zulaufende Straße, die bisher »Hinter der neuen Dröge« geheißen hatte, ab 1865 den seinen.

Im Gegensatz zu anderen Straßen erhielt die Heinestraße ihren Namen nach dem Zweiten Weltkrieg nicht zurück. Die Künstlerin Sheila Volk beantragte 2007 beim Senat die Rückbenennung. Doch die Sache versandete. Nur an der schwarz gekachelten Fassade eines Gay-Sexshops, am Hamburger Berg 5, hat jemand eine kleine Gedenktafel angebracht und darüber das Schild »Heinestraße« gesetzt. Es wirkt beinahe echt.

Adresse Hamburger Berg 5, 20359 Hamburg | **Tipp** Die Heinestraße wurde so angelegt, dass sie exakt auf den Synagogenraum des ehemaligen Israelitischen Krankenhauses zuläuft. Am Haupteingang des Gebäudes findet sich eine Gedenktafel.

48 Das Heinrich-Heckel-Haus

Und wer hat's erfunden? Die Hamburger!

Ein typisches Hamburger Resteessen ist das »Rundstück warm mit Schüh«. Rundstücke, die Urform der hanseatischen Brötchen, werden bereits seit 1610 in Hamburg gebacken. Sie gleichen zwar nicht geschmacklich, aber immerhin doch optisch den Buns des US-amerikanischen Hamburgers. Daher schrieb sich ein Gastronom aus St. Pauli nicht nur die Erfindung des »Rundstücks warm« auf die Fahne, sondern auch gleich die des Fast-Food-Klassikers der Neuen Welt.

Aber der Reihe nach. Im Eckgebäude Reeperbahn/Hamburger Berg befand sich um 1900 das Bierhaus Heckel. Dort verlangte eines Abends eine Gesellschaft, warm zu speisen. Da es schon weit nach Küchenschluss war, zauberte Heckel in seiner Not kalte Bratenscheiben zwischen geröstete Brötchenhälften. Er tränkte das Rundstück in Schüh – womit er Jus, Bratensoße, meinte – und verlangte 35 Pfennig. Den Gästen soll es hervorragend geschmeckt haben.

Sodann begann per Mundpropaganda der Siegeszug durch alle Hamburger Küchen. Da Rundstücke leicht zu transportieren waren, sollen Auswanderer sie als Proviant mit auf die Schiffe Richtung USA genommen haben. Zweifel sind angebracht, tauchten doch schon viele Jahrzehnte zuvor Vorläufer des Hamburgers in US-amerikanischen Kochbüchern auf. Auch geht ein Gerücht, es sei in Wahrheit der Vorbesitzer des Heckel-Hauses gewesen, Weinhändler Robert Renning, der das »Rundstück warm« aus einer Laune heraus erfand.

Aber lecker ist der Klassiker allemal. Dazu einfach in der Zubereitung. Und wer hat nicht hin und wieder Schweinebraten mit Soße vom Vortag übrig plus eine Gewürzgurke als Garnitur?! Sie?! Dann wird's auf St. Pauli schwierig. Verschiedene Lokale bieten zwar Abarten an – aber für ein echtes »Rundstück warm mit Schüh« muss man heute weit laufen. Etwa immer an der Elbe lang in die Oberhafenkantine.

Adresse Reeperbahn 94–96, 20359 Hamburg | **Tipp** Nicht einmal Hamburger Rundstücke gibt es heute noch auf St. Pauli. Die Schrippen von Bäcker Schumann in der Paul-Roosen-Straße 20 sind aber vom gleichen Teig, Gewicht und Geschmack. Und selbst gebacken.

49 Das Hier & Jetzt
Über den Rand der Legalität hinaus

Wo in der ersten Hälfte des 19. Jahrhunderts das Holstentor stand, dreht heute das Justizforum St. Pauli den Rücken zu. Den Mittelpunkt der u-förmigen Anlage bildet das Oberlandesgericht. Das Gebäude mit der weithin sichtbaren Kuppel wurde 1912 fertiggestellt und ist um Jahrzehnte jünger als die flankierenden Justizbauten. Und es ist doch zu schade, dass man nicht einfach so hineinspazieren kann. Bloß um mal zu gucken. Und der Justiz auf die Finger zu schauen. Nur zur Sicherheit.

Damit es nicht wieder läuft wie damals. Als über 85 Prozent der Hamburger Justizjuristen in die NSDAP eintraten. Der Spitzenwert im ganzen Land. In ihrem Wahn sprach die Hamburger Justiz über doppelt so viele »Rassenschänder« Unrecht wie die Kollegen in Köln, verurteilte viermal so viele Menschen wie die Frankfurter Gerichte. Unter der Führung von Oberverbrecher Curt Rothenberger, später Staatssekretär des Reichsjustizministeriums, verkam Hamburgs Justiz zum Handlager des Terrors gegen Menschen, die anders dachten, glaubten oder liebten.

Während Rothenberger 1950 mit einer fetten Pension bedacht wurde, dauerte es 50 Jahre, bis man den Opfern auch nur eine Gedenktafel am Oberlandesgericht widmete. Sie befindet sich an der linken Seite des Eingangsportals. Das gegenüberliegende Mahnmal »Hier & Jetzt« der Künstlerin Gloria Friedmann wurde 1997 errichtet. Zum Gebäude hin ist der Betonquader mit der Inschrift 1933 versehen. Auf der anderen Seite zeigt eine großformatige Fotografie das heutige Hamburg. Davor wachsen auf 90 Eisenstelen unterschiedliche Pflanzen. Einheimische, fremde, giftige, heilende, dornige, mimosenhafte. Sie symbolisieren uns alle in unserer Vielfalt – und unseren Anspruch auf die Gleichheit vor dem Recht. Darauf kann man gar nicht genug bestehen. Besonders hier und jetzt. Es soll schon vorgekommen sein, dass die Pflanztöpfe einheitlich mit Stiefmütterchen bestückt wurden.

Adresse Sievekingplatz 2, 20355 Hamburg | **Tipp** Mit 26 Metern unter der Erde handelt es sich bei der nahe gelegenen U-Bahn-Station Messehallen um die tiefste U-Bahn-Station Deutschlands. Auch die Rolltreppen sind mit 22 Metern Förderhöhe deutsche Rekordhalter.

50 Der Hilldegarden

Die Zukunft ist grün. Vielleicht.

Seit 1944 dominiert einer der größten jemals erbauten Bunker das Heiligengeistfeld und weite Teile St. Paulis. Seine Existenz gilt als alternativlos. Für die Zerstörung des Flakbunkers IV wäre eine Sprengkraft nötig, die größere Teile der City in Schutt und Asche legen könnte. Also hat man sich mit dem Monstrum arrangiert. Und es geradezu lieb gewonnen.

Im fünften OG befindet sich seit einiger Zeit die BUNKERHILL Galerie, ein Raum für junge Kunst, initiiert vom Hilldegarden e. V. Der Nachbarschaftsverein hat eine ziemlich große Sache losgetreten. Der Bunker soll sich in einen Ort verwandeln, zu dem alle jederzeit kostenfreien Zutritt haben. Herzstück ist eine über 8.000 Quadratmeter große öffentliche Parkanlage auf dem Dach, von außen über eine Rampe zu erreichen. Dem Plan ist eine kleine Ecke in der Galerie gewidmet.

Am besten geht man zu Fuß hoch. Bloß um mal zu spüren, wie es sich hinter den 2,5 Meter starken Mauern anfühlt, die einst als »wahre Wunder der Abwehr« gefeiert wurden. Dabei waren die Alliierten schon während der Bauphase in der Lage, viel dickeren Beton zu zerschlagen. Immerhin boten der Flakbunker IV und sein kleinerer Bruder an der Budapester Straße nach dem Krieg Wohnungslosen Zuflucht und schrieben später Mediengeschichte.

Axel Springer entwickelte hier das Abendblatt. Der Nordwestdeutsche Rundfunk sendete die erste Tagesschau ins Land. Mit Laboren, Mietstudios und der Galerie von F. C. Gundlach galt der Bunker eine Zeit lang als Zentrum der deutschen Fotografie. Aktuell spielt Musik die erste Geige.

Der Hilldegarden e. V. verspricht, dass die zukünftige Nutzung als Park, Hotel, Veranstaltungsfläche, Gedenkort und Breitensportanlage auf die bisherigen Mieter Rücksicht nimmt. Ob der Bunker nach der Aufstockung dem vielfach visualisierten Dschungelparadies gleicht, wird sich bei avisierter Fertigstellung Mitte 2021 herausstellen.

Adresse Feldstraße 66, 20359 Hamburg | **Öffnungszeiten** Ausstellungstermine unter www.hilldegarden.org/bunker-hill-galerie | **Tipp** Muss man das Uebel & Gefährlich – Tanztempel, Musikspielstätte, Bühne für Poetry-Slammer und Literaten – überhaupt noch erwähnen? Vielleicht nicht. Aber sicher ist sicher.

51__Der Himmel über der Elbe
Abends am Fluss

Einer gar nicht so kleinen Gruppe geht das gefühlige Schwadronieren über St. Pauli gehörig auf die Nerven. Kitschig sei das und der Stadtteil ohnehin bis zum Erbrechen kommerzialisiert. Das ist nun nicht von der Hand zu weisen. Aber eben auch bloß die halbe Wahrheit. Auf der anderen Seite fließt die Elbe

Die lateinische Bezeichnung lautet »albia«, was so viel wie »helles Wasser« bedeutet. Für die Nordgermanen war sie schlicht »der Fluss«, so als würde es keinen anderen geben. Und in gewissen Momenten fühlt es sich für gewisse Menschen auch so an. Die Elbe ist eine unerschöpfliche Kraftquelle. Wer aktuell mit St. Pauli hadert, braucht bloß hinzulaufen. Kein Bewohner muss dafür weiter als drei Kilometer südwärts gehen. Selbst aus der entlegensten Ecke ist man in einer halben Stunde da.

Wenn man es ganz genau nimmt, gehört bloß einer von insgesamt 1.091 Elbkilometern zu St. Pauli. Aber dieser eine ist äußerst günstig eingerichtet. Vom Stintfang bis zum Pinnasberg funktioniert der Geesthang des nördlichen Elbufers wie die Loge eines Fernwehtheaters. Der erste Blick ist immer gut für ein innerliches Aufatmen. Und dann ab ins Parkett, um Wellen an Kaimauern klatschen zu hören.

Am schönsten ist es dort unten gegen Abend, wenn die Touristenströme allmählich versiegen und die Souvenirhändler ihre Ständer mit Flaggen und Seemannsmützen reinrollen.

Dann geht im Westen die Sonne unter. Und man meint, am Horizont die Nordsee zu spüren. Denn schmeckt die Luft nicht schon deutlich nach Salz? Es weht noch immer eine Ahnung der weiten Welt durch den Hafen. Vielleicht zieht ein gewaltiger Frachter vorüber. Tuckert eine Barkasse hinterher. Tutet irgendwo ein Nebelhorn. Und die guten alten Fotomöwen machen sich für ihren großen Auftritt bereit. »Herrlicher Kitsch«, denkt man dann larmoyant, »großartige Sentimentalität.« Und ist für den Augenblick wieder recht zufrieden mit St. Pauli.

Adresse Hafen, 20359 Hamburg | **Tipp** Wein, Bier, Apfelsaft und Abendbrot – das ultranette Kellerlokal »Alles Elbe« in der Hein-Hoyer-Straße 63 findet seine Lieferanten irgendwo zwischen Tschechien und Cuxhaven. Aber immer an der Elbe.

52 Die Hong Kong Bar

Fiesta Mexikaner

Jede Bar, die auf St. Pauli etwas auf sich hält, serviert Mexikaner –
einen Kurzen, der gern als Sixpack im Körbchen gereicht wird. Längst
hat der Kultschnaps auch andere Städte und ihre Mixologen erreicht.
Die genauen Rezepturen sind gut gehütete Geheimnisse. Den allerbesten Mexikaner, da sind sich viele Experten einig, mischt Marietta
Solty in der Bar des Hong Kong Hotel.

Die Lokalität mit der ikonischen Leuchtreklame befindet sich
bereits seit den 1920er Jahren in Familienbesitz. Eröffnet von Frau
Soltys Großonkel, übernahm ihr Vater Chong Tin Lam die Bar
1934. 1944 verhafteten ihn die Nazis im Rahmen der sogenannten
Chinesenaktion (siehe Ort 16). Sein Leidensweg führte durch
etliche Gefängnisse und Konzentrationslager. Doch er überlebte. Er
fand sogar die Kraft, nach dem Krieg um die inzwischen zwangs-
vermietete Hong Kong Bar zu kämpfen. Es dauerte drei Jahre, bis
er die Immobilie zurückerhielt. Eine Entschädigung bekam er nie.
Das gelang keinem Überlebenden der chinesischen Gemeinde. Selbst
eine Gedenktafel musste den Behörden mühsam aus dem Kreuz
geleiert werden. Ihr Standort in der Schmuckstraße schließt den
Kreis zum Mexikaner.

Das Kultgetränk wurde nämlich schräg gegenüber in der Metal-
kneipe Steppenwolf erfunden. 1987 gelangte Gastwirt Mike Colani
günstig an eine Ladung übelsten Fusels, den partout niemand trinken
wollte. Erst als Colani ihn mit Tomatensaft, Sangrita, Pfeffer, Salz
und Tabasco mischte, ging der Shot, der »irgendwie nach Mexiko«
schmeckte, ab wie Schmidts Katze.

Bald entwickelten andere Kiez-Wirte ähnliche Rezepte. Auch
Marietta Solty, die neben der Hong Kong Bar auch die natürliche
Eleganz ihres Vaters geerbt hat. Tchi Fong, Schneeflocke, lautet ihr
chinesischer Name. Dass sie zu den ältesten Wirtinnen auf St. Pauli
gehört, mag niemand glauben, der sich an ihren Tresen setzt. Dass
sie den besten Mexikaner mixt, sehr wohl.

Adresse Hamburger Berg 14, 20359 Hamburg | **Öffnungszeiten** täglich rund um die Uhr geöffnet | **Tipp** Mexiko Strasse Taquería heißt das Restaurant von Miguel Zaldivar in der Detlev-Bremer-Straße. Garantiert kein Tex-Mex-Zeug, sondern die leckersten Tacos der Stadt.

53 Die Ikonostase

Kirche des Hl. Johannes von Kronstadt zu Hamburg

Die ehemalige Gnadenkirche ist ein echter Hingucker, für Hamburg vollkommen untypisch. Es ist noch gar nicht so lange her, da befand sich die Schönheit von 1906 auf einer umtosten Verkehrsinsel. Vielleicht verlor sie durch die seltsame Lage im Laufe der Zeit den Kontakt zu ihrer Gemeinde. Vielleicht zogen auch einfach immer mehr Menschen ins Karoviertel, die mit Kirchgängen nichts am Hut hatten.

Jedenfalls wurde 2004 erstmals in Hamburg ein evangelisches Gotteshaus an eine andere Glaubensgemeinschaft übertragen. Die protestantische Kirche gab den renovierungsbedürftigen Bau aus finanziellen Gründen an die russisch-orthodoxe Kirche ab.

Seit der entscheidende Teil der Karolinenstraße in den fabelhaften Tschaikowskyplatz umgewandelt wurde, steht das Gebäude nun wieder mitten im Leben. Möglich, dass die veränderte Verkehrssituation auch der alten Gemeinde neues Leben eingehaucht hätte. Unvorstellbar hingegen, dass die russisch-orthodoxe Gemeinde ihr Gotteshaus jemals wieder verschachern würde. Dazu wird es viel zu offensichtlich und von viel zu vielen Menschen geschätzt.

Äußerlich hat sich der wuchtige Bau mit dem achteckigen Turm gar nicht so sehr verändert. Gut, es sind einige Zwiebeltürmchen, orthodoxe Kreuze und wunderschöne Fresken hinzugekommen. Das Besondere aber sieht, ach was: fühlt! man erst beim Betreten des Kirchenschiffs.

Dort öffnet sich ein weiter Raum. Die Bänke sind an die Wand gerückt, und es duftet nach Weihrauch. Einmalig in Europa ist die steinerne Ikonostase, drei Türen in einer mit Ikonen geschmückten Wand. Dank umfangreicher Umbauten kann der byzantinische Ritus hier vollumfänglich durchgeführt werden. »Göttliche Liturgie« wird diese traditionelle Gottesdienstordnung auch genannt. Findet kein Gottesdienst statt, ist die Kirche ein Ort des Staunens und der Stille. Sie steht jedem offen. Jeden Tag.

Adresse Tschaikowskyplatz 1, 20355 Hamburg | **Öffnungszeiten** täglich 10 – 15 Uhr | **Tipp** So wie Peter Tschaikowsky gern in Hamburg war, pilgern Hamburger gern zu den Konzerten im Tschaikowsky-Haus, gleich neben der Kirche.

54 Die Israelitische Töchterschule

Die Letzte macht die Tür auf

Im dritten Obergeschoss des denkmalgeschützten Gebäudes in der Karolinenstraße 35 erzählt eine kleine Ausstellung vom jüdischen Schulleben im Allgemeinen und Dr. Alberto Jonas im Besonderen.

Der ehemalige Schulleiter kämpfte, wie viele jüdische Lehrerinnen und Lehrer, ab 1933 unter immer schwierigeren Bedingungen darum, einen vergleichsweise normalen Schulalltag aufrechtzuerhalten. Künstlerische Ansätze, Feste und Aufführungen sollten den Kindern helfen, mit zunehmender Diskriminierung und existenziellen Ängsten fertigzuwerden. Ab 1937 stand an den jüdischen Schulen die Vorbereitung auf die Emigration im Vordergrund. Das erklärte Ziel jüdischer Familien in Hamburg hieß jetzt: Deutschland verlassen. In Lehrwerkstätten wurden Handwerksberufe vermittelt, landwirtschaftliche und gärtnerische Fähigkeiten gefördert. Spätestens nach den Pogromen 1938 blieb vielen Eltern nur noch die Möglichkeit, ihre Kinder allein ins Exil zu schicken. Mehrfach begleitete Dr. Jonas Kindertransporte nach England. Ihm selbst war, wie vielen Eltern auch, die Auswanderung untersagt worden.

Innerhalb eines Jahres schrumpfte die Schülerschaft der Mädchenschule im Karolinenviertel von 1.300 auf 600 Schülerinnen. 1939 wurde sie geschlossen und mit der Talmud Tora Schule am Grindel zusammengelegt. Wenige Monate später wurde das Gebäude im Grindelviertel geräumt. Die Schule zog zurück ins Karolinenviertel. Die Zwangskennzeichnung mit dem Davidstern machte die Schüler 1941 zu sogenannten »Sternkindern«. 350 wurden nun in der letzten jüdischen Schule der Stadt unterrichtet. Einen Monat später waren etliche in Konzentrationslager deportiert worden. Die Schule zählte jetzt noch 76 Kinder. Im Frühjahr 1942 musste die Schule endgültig schließen. Ein Großteil der letzten jüdischen Schüler von Hamburg, wie auch Dr. Jonas und seine Ehefrau, wurde ermordet.

Adresse Karolinenstraße 35, 20357 Hamburg | **Öffnungszeiten** Dauerausstellung Di 10–14 Uhr | **Tipp** Die Skulptur »Der letzte Abschied« erinnert am Dammtorbahnhof an die Kindertransporte. Der Bildhauer Frank Meister gehörte zu den Kindern, die – häufig als Einzige in der Familie – den Holocaust überlebten.

55　Die Juwelengasse

Hinter den Fenstern der Schmuckstraße

Im Mikrokosmos Kiez liegt der Mikrokosmos Schmuckstraße, der im Volksmund auch Juwelengasse genannt wird, jedenfalls der Teil, der als Transsexuellenstrich gilt. Die nur 170 Meter lange Schmuckstraße führt von der Talstraße zur Großen Freiheit. Auf der einen Straßenseite befinden sich Wohnhäuser, einige in fragwürdigem Zustand. Auf der anderen Seite braust, jenseits eines schmuddeligen Grünstreifens, der Verkehr über die Simon-von-Utrecht-Straße.

Dort finden sich in der Dämmerung Freier ein und blicken zur Taverne Donatella. Die Bar im Parterre in der Schmuckstraße 5 sieht von außen aus, als sei sie seit wenigstens ein paar Jahren geschlossen. In den Fenstern darüber aber posieren Damen, temperamentvoll genug, um klare Worte zu finden, wenn einer offensichtlich nur aus Sensationslust hochglotzt.

Das Haus ist, wie es im Behördendeutsch heißt, ein Ort, »von dem allgemein bekannt ist, dass dort südamerikanische Transsexuelle und Transvestiten der Prostitution nachgehen«. Nach dem Komma ist die Formulierung schlicht falsch, davor folglich mindestens fraglich.

Erstens arbeiten und leben in der Schmuckstraße 5 ausschließlich lateinamerikanische Transfrauen. Also Menschen, die mit männlichen Geschlechtsorganen, aber weiblicher oder indifferenter Identität geboren wurden. Viele von ihnen unterziehen sich geschlechtsangleichenden Maßnahmen. Das unterscheidet sie von Transvestiten, die lediglich mit der Garderobe des anderen Geschlechts spielen.

Und zweitens: Wenn dieser Unterschied schon nicht allgemein bekannt ist, dann weiß die Allgemeinheit vielleicht auch gar nichts von dem Haus, das in den Communitys von Venezuela, Brasilien, Kolumbien oder Peru als erste Anlaufstelle für transsexuelle Prostituierte in Europa gehandelt wird. Sie kommen in der Hoffnung auf bessere Lebensbedingungen als in der Heimat. Die Erfüllung darf angesichts der Szenerie bezweifelt werden.

Adresse Schmuckstraße 5, 20359 Hamburg | **Tipp** Für schauspielerische Travestie, verschwenderische Kostüme und Bühnenshows, exzentrische Diven und stimmgewaltige Künstler steht seit 1973 das Pulverfass Cabaret an der Reeperbahn.

56 __ Die kaiserliche Klasse
Draußen vor der Tür

Noch bis 2002 war die Realschule Seilerstraße in Betrieb. Heute ist sie ein Museum, und es finden höchstens noch Schulstunden im kaiserlichen Klassenzimmer statt. Wenn man sich gerade dann nebenan bei den Experimenten im Physiksaal herumtreibt, dringt die Stimme einer gestrengen Lehrkraft durch die Wände und – selten – auch gedämpftes Kinderkichern. Das ist der perfekte Sound, um sich in das Gründungsjahr der Schule versetzt zu fühlen.

Das Gebäude öffnete seine Türen für die Kinder von St. Pauli im Jahr 1886. Nach anfänglich großem Zulauf sanken die Schülerzahlen ab 1905 dramatisch. Immer mehr Eltern meldeten ihre Kinder in anderen Schulen an. Für Direktor Vollmer lag das Problem klar auf der Hand. Die Nähe zur Reeperbahn. Das konnte die Oberschulbehörde auch schriftlich von ihm haben:

»Es ist behauptet worden, diese Nachbarschaft störe unser Schulleben nicht, weil die Dirnen zur Zeit des Unterrichts schliefen. Demgegenüber diene Folgendes zur Erwiderung: ... So wurde ein Lehrer auf dem Schulgang ... zum Staunen, teilweise vielleicht zum Gaudium Älterer des Weges kommender Schüler von Dirnen angeredet. Mehrfach ist es vorgekommen, dass solche Mädchen von der Straße aus zufällig am Fenster stehenden Lehrern zuwinkten. ... Am 7. Juni in der 3. Stunde störten von den Fenstern des Nachbarhauses aus ... einige Mädchen in leichtester Toilette durch höchst auffälliges und anstößiges Benehmen.«

Vollmer forderte einen Neubau an anderer Stelle. Allein, es sollte dazu nicht kommen. Der Erste Weltkrieg brach aus. Die Versorgungslage war bald so schlecht, dass im Winter alle Schulen schließen mussten. Es gab schlicht keine Kohle.

Es ist die Verquickung von Schulwesen und Lebensverhältnissen, die den Besuch des Schulmuseums spannend macht. Die Schwerpunkte liegen auf »Leben und Lernen im Kaiserreich« und »Schule im Nationalsozialismus«.

Adresse Seilerstraße 42, 20359 Hamburg | **Öffnungszeiten** Mo–Fr 10–16 Uhr | **Tipp** In der Volksschule gegenüber werden heute Musicaldarsteller unterrichtet. Die imposanten Eingänge, nach Knaben und Mädchen getrennt, sind einen zweiten Blick wert.

57___Die Kampstraße

Durchgang nur für Schlachter

Wer in die Kampstraße einbiegt, nimmt vielleicht erst auf den zweiten Blick eine Plexiglaswand an ihrem Ende wahr. Man könnte sie mit einem Windschutz für die Außengastronomie verwechseln. Ihre steinerne Vorgängerin war Anlass für eine der ersten Bürgerinitiativen der jungen Bundesrepublik.

Die Leute organisierten sich, als Anfang der 50er Jahre die Pläne des Senats für den Schlachthof öffentlich wurden. Die im Zweiten Weltkrieg in weiten Teilen zerstörte Anlage sollte nicht nur wiederhergestellt, sondern auch erheblich erweitert werden. Die Kampstraße sollte dafür weichen. Das war ein Schlag für die Menschen rund um den Schlachthof, stellte die Kampstraße doch die wichtigste Verbindung zwischen Schanzen- und Karolinenviertel dar.

Noch ungeübt im Protest, erreichten die Bürger nicht viel. Ein Löwenanteil der Kampstraße wurde plattgemacht, die historische Hauptverwaltung nebst markantem Uhrturm gesprengt. Den Stumpf der Kampstraße versiegelte zunächst eine Mauer, später eine Plexiglaswand. Ein Drehkreuz dient seitdem den Beschäftigten des Schlachthofs exklusiv als Zu- und Ausgang.

Sie können so nach der Arbeit direkt in die Schlachterbörse stolpern. Seit 1970 dreht sich in dem traditionsreichen Restaurant alles um Fleisch in Perfektion. An der Inneneinrichtung hat sich seitdem ebenso wenig geändert wie an den Öffnungszeiten im legendären Erika's Eck. Noch immer richtet die Gaststätte sich nach den Arbeitszeiten der Schlachthofmitarbeiter. Frühstück gibt's ab 24 Uhr, geschlossen ist lediglich von 14 bis 17 Uhr. Das viel gelobte Restaurant Berta Emil Richard Schneider kann noch als Neuzugang gelten, führt aber eine alte Tradition fort. Der Opa des heutigen Betreibers besaß in den 50er Jahren an gleicher Stelle eine Kalträucherei und Lohnsalzerei.

Damals galt die Kampstraße als von der Welt abgeschnitten. Heute als appetitlichste Sackgasse Hamburgs.

Adresse Kampstraße, 20357 Hamburg | **Tipp** Es gibt vielleicht schickere Shops für Küchenbedarf und Gewürze als die alteingesessenen Fachgeschäfte rund um den Fleisch-großmarkt. Aber mehr Know-how und Qualität lassen sich wohl nicht so leicht finden.

58___Die Karolinenpassage
Von Terrassen und Passagen, Buden und Sahlhäusern

Am Eingang der idyllischen Karolinenpassage auf Höhe der Karolinenstraße 23 ist schön zu erkennen, warum im Karoviertel viel mehr Menschen leben, als man annehmen sollte. Und das liegt am typischen Hamburger Massenwohnungsbau.

Nachdem Napoleon St. Pauli 1813 dem Erdboden gleichgemacht hatte, existierte beim Wiederaufbau zunächst einmal keinerlei Bauordnung. Wohnhäuser, Kontore und Fabriken wurden kreuz und quer errichtet und vor allem dicht an dicht. Schon damals spekulierten miese Typen mit der Wohnungsnot der Bevölkerung. Um möglichst viele Menschen abzukassieren, entstanden im Schatten repräsentativerer Vorderhäuser die sogenannten Terrassen – abgeleitet vom englischen *terraced house*, also Reihenhaus. War die Häuserzeile von zwei Seiten zugänglich, sprach man von Passage. Ein früher Fall von Framing, denn das klang sehr viel heiterer, als die Realität sich anfühlte.

Heute gefällt die gründerzeitliche Ästhetik. Und gerade die Enge macht die Idylle aus, sind Passagen und Terrassen doch zu schmal für den Straßenverkehr. Aber ursprünglich handelte es sich um überbevölkerte Elendsquartiere ohne Luft, Licht oder gar sanitäre Anlagen. Kümmerlicher waren nur noch die Buden, eingeschossige Hinterhäuser, entstanden als Notunterkünfte nach dem Großen Brand 1842. In der Marktstraße 7–9 konnten einige vor dem Abriss gerettet werden – durch viel Engagement der Bewohner und der gemeinnützigen Johann Daniel Lawaetz-Stiftung.

Schlechter erging es dem Sahlhaus in der Turnerstraße. Zwar war es 2006 unter Denkmalschutz gestellt worden. Doch der Eigentümer des Mietshauses mit den charakteristischen drei Eingangstüren verwickelte die Behörden so lange in gerichtliche Auseinandersetzungen, bis der Notabriss 2013 unausweichlich wurde. Um eines dieser für St. Pauli und Altona charakteristischen Arbeiterquartiere zu sehen, muss man heute daher in die Schanze, zum Beispiel in die Sternstraße 29.

Adresse Karolinenviertel, 20357 Hamburg | **Tipp** Tolle Stadtteilrundgänge zum Thema führt das St. Pauli-Archiv durch (www.st-pauli-archiv.de/rundgaenge).

59 Die Kersten-Miles-Brücke

Von Bürgermeistern und Piraten

Ein Jahr nach der Eingemeindung St. Paulis 1894 wurde mit dem Bau der Kersten-Miles-Brücke begonnen. 90 Meter lang überspannt sie den ehemaligen Wallgraben und verbindet die Vorstadt mit der Neustadt. An ihren Sockeln sind Standbilder der vier großen Seeräuberbesieger angebracht. Angefangen mit Kersten Miles, nach dem das Bauwerk benannt ist und der 42 Jahre lang das Amt des Hamburger Bürgermeisters innehatte.

Miles soll es gewesen sein, der dem legendären Klaus Störtebeker nach der Verhaftung zusagte, all jene seiner Männer zu verschonen, an denen der Freibeuter nach der Enthauptung noch vorbeischreiten könnte. Der Legende nach gelang es dem kopflosen Störtebeker bei elf Männern. Kersten Miles ließ sie dennoch hinrichten.

Vielleicht war es also späte Rache, als dem benachbarten Standbild des Simon von Utrecht 1985 der Kopf abgeschlagen wurde. Von Utrecht war nämlich als Schiffshauptmann an der Ergreifung Störtebekers beteiligt. Zu Lebzeiten war von Utrecht bei den Hanseaten allerdings hochgeschätzt. Ob seiner Verdienste wurde er 1433 zum bislang einzigen Hamburger Ehrenbürgermeister ernannt.

Auf der Nordseite steht die Statue des Ditmar Koel. Er brachte den Seeräuber Claus Kniphoff zur Strecke – der vermutlich gar kein Seeräuber war. Ganz im Gegenteil. Der Stiefsohn des Bürgermeisters von Malmö war vom abgesetzten dänischen König Christian II. mit einem Kaperbrief ausgestattet worden. Aber davon hatte in Hamburg noch nie jemand etwas gehört. Und so ließ man ihn 1525 auf dem Grasbrook hinrichten. Ditmar Koel wurde Jahre später Bürgermeister.

Vielleicht wäre diese Ehre auch Berend Jacobsen Karpfanger zuteilgeworden. Dem Kapitän, Reeder und Admiral gelangen bedeutende Erfolge bei der Verteidigung gegen die Piraten der nordafrikanischen Barbareskenstaaten. Doch 1683 fand Karpfanger bei einem ungeklärten Brand an Bord der »Wapen von Hamburg« vor Cádiz den Tod.

Adresse Verbindung Bernhard-Nocht-Straße/Seewartenstraße, 20359 Hamburg | Tipp
Im Haus 5 des ehemaligen Hafenkrankenhauses bittet das Integrationsunternehmen der
Alsterdorfer Anstalten an den Frühstück-, Mittags- und Kaffeetisch. Richtig gut und
äußerst günstig.

60 Konditorei Rönnfeld

Süße Versuchungen

Palim, palim macht die Ladenglocke, und wer sich als Kind über Didi Hallervorden schiefgelacht hat, fühlt sich sofort in eine andere Zeit versetzt. Die Tür der kleinen Konditorei in der Hein-Hoyer-Straße scheppert beim Schließen immer ein bisschen, egal, wie sanft man dabei auch vorgeht. Dann umhüllt einen dieser Duft frisch gemahlenen Kaffees und verführerisch süßer Aromen.

Hinter dem Tresen lächeln die Damen, von denen Stammkunden wissen, dass eine die Seniorchefin ist und wie die anderen mit Vornamen heißen. Aber nie würde man sie plump-vertraulich ansprechen. Angesichts der Versuchungen, der Plätzchen und Kuchen, Torten, Baisers, Pralinen und Schokoladen stellt sich ein Respekt ein, den man Massenware schwerlich entgegenbringen kann. Bei Rönnfelds wird noch alles mit der Hand gemacht und nichts der Mode unterworfen.

In der angrenzenden winzigen Backstube zaubern der Konditormeister und seine Gesellin Süßigkeiten und Backwaren, die es so sonst nirgends gibt. Das älteste Rezept, Leipziger Lerchen, notierte Gründer Harry Rönnfeld bereits in den 40er Jahren in sein Lehrheft. Er absolvierte seine Ausbildung im Untergeschoss des heutigen Clubs Waagenbau. Die eigene Konditorei eröffnete er 1959. Die Einrichtung hält seitdem gut durch. Bloß der alte Ofen wurde mit neuer Technik versehen. Man sollte sich aber von dem altmodischen Look nicht täuschen lassen.

Die Konditorei hatte schon immer Renommee. Nicht umsonst krönte Volksheldin Heidi Kabel ihren 80. Geburtstag mit einer Torte von Harry Rönnfeld. Heute gönnen sich die großen Musicalhäuser ein Kunstwerk von Sohn Holger zur Premierenfeier. Er übernahm die Leitung 2001. Seitdem sind auch Brötchen im Sortiment. Damit sind die Rönnfelds die Letzten im Viertel, die noch alles selbst machen. Unter anderem auch das süßeste Mitbringsel von ganz St. Pauli: barbusige Nixen aus Marzipan.

Adresse Hein-Hoyer-Straße 52, 20359 Hamburg | **Öffnungszeiten** Mo–Fr 6.30–18 Uhr, Mittagspause 13–14 Uhr, Sa 6.30–16 Uhr, So 8–16 Uhr | **Tipp** Sie haben etwas übrig für Geschäfte mit Geschichte? Dann schnell rüber zu Feinkost Schnalke, Clemens-Schultz-Straße 31.

61 Die Krypta St. Joseph

Memento mori im Partygewühl

1658, Altona war noch eine Stadt und gehörte zu Dänemark, verlieh König Friedrich III. der katholischen Gemeinde das Recht auf Glaubensfreiheit. »Große Freiheit« wurde der Platz genannt, an dem sie eine Kirche bauten.

Das Gotteshaus wurde in den folgenden 300 Jahren mehrmals zerstört, zuletzt im Zweiten Weltkrieg. Da gehörte die älteste katholische Gemeinde Norddeutschlands durch das Groß-Hamburg-Gesetz bereits zu St. Pauli, und die Große Freiheit hatte sich einen üblen Ruf erarbeitet. An die direkte Nähe zum Rotlicht haben sich Kirchgänger, Touristen und auch die Zuschauer von »Großstadtrevier« und Co. längst gewöhnt. Ein viel ungewöhnlicheres Erlebnis ist der Besuch mittwochs um die Mittagsstunde.

Das Ganze geht zurück auf die Jahre zwischen 1719 und 1868. Damals wurden die Toten in der Gruft der St.-Joseph-Kirche bestattet. Nach der Bombardierung 1944 gelangte Regenwasser in die Gruft, und die Särge begannen zu faulen. Auch wurden Gräber geplündert und ganze Särge als Feuerholz entwendet. Beim Wiederaufbau der Kirche 1953 wurden die geschändeten Gewölbe zugemauert.

Es sollten 60 Jahre vergehen, bis die Katakomben im Rahmen von Restaurierungsarbeiten wieder geöffnet wurden. Dabei wurden die Gebeine von 350 Menschen geborgen. Ein neu errichtetes Beinhaus gibt ihnen nun eine würdevolle letzte Ruhestätte. Die Knochen und Schädel befinden sich, fein säuberlich gestapelt, hinter Glas in der kleinen Krypta. Im vorwiegend protestantischen Norden kennt man sich mit diesen Dingen gar nicht aus, doch es ist uralte christliche Tradition, in Beinhäusern den Kontakt zu Ahnen zu suchen und sich der eigenen Sterblichkeit zu erinnern.

Wer mag, ist zum Mittagsgebet in die Krypta eingeladen. Eine Viertelstunde wechseln Ansprache, Gebet und Stille. Im Anschluss bleibt noch Zeit, um sich mit der kleinen Ausstellung zur Geschichte von St. Joseph und seinen Toten zu beschäftigen.

Adresse Große Freiheit 43, 22767 Hamburg | **Öffnungszeiten** Mi 12.15 – 13 Uhr; Führungen in Absprache mit der Pfarrei möglich, Tel. 040/314919 | **Tipp** Die Barockkirche selbst ist natürlich auch sehenswert. Jeweils am ersten Sonnabend im Monat finden im Rahmen der Veranstaltungsreihe »St. Joseph by Night« Konzerte statt.

62 Das Kugeldenkmal
Gründlich ruiniert

Im Garten des Museums für Hamburgische Geschichte befindet sich ein fragmentarisches Denkmal. Der ursprüngliche kirchturmartige Aufbau fehlt. Wappenmedaillons wurden gestohlen. Kanonenkugeln gingen verloren. Das sind hübsch symbolische Verluste, denn das Denkmal erinnert an das ruinöse Wirken des Generals Davoût. Im Belagerungswinter 1813/14 kannte der »eiserne Marschall« kein Erbarmen.

Was zuvor geschah, auf die Schnelle: 1806 besetzt Napoleon Hamburg. 1811 wird die Stadt Teil des französischen Kaiserreichs. 1813 lässt Louis-Nicolas Davoût sie zur Festung ausbauen. Denn die Nordarmee ist im Anmarsch. Alliierte Truppen aus Preußen, Schweden, Russland und Britannien.

Um freies Schussfeld vor den Wallanlagen zu erhalten, gibt Davoût Befehl, alle Häuser von Eimsbüttel bis Hamm niederzubrennen. Auch St. Pauli, damals noch Hamburger Berg, muss dran glauben. »Demolierung« heißt die Aktion, bei der sämtliche Gebäude zerstört, alle Bäume gefällt und die Gärten verwüstet werden. Der Bevölkerung bleiben nur wenige Minuten, um ihre Wohnungen zu verlassen.

Die erwartete Belagerung beginnt am Nikolaustag 1813. In Hamburg ist mittlerweile Typhus ausgebrochen. Nahrungsmittel sind knapp. Wer nicht Vorräte für mindestens sechs Monate nachweisen kann, wird der Stadt verwiesen. An den Weihnachtstagen werden in einer konzertierten Aktion Tausende Menschen aus der Stadt vertrieben. Wie schon die Bewohner der Vorstädte flüchten nun auch sie nach Altona, Barmbek, Wandsbek, Lübeck oder Bremen. Viele sterben auf den Märschen vor Erschöpfung, Hunger und Kälte. Allein in Ottensen werden 1.138 Tote in einem Massengrab verscharrt.

Erst Ende Mai 1814, Napoleons Abdankung liegt schon knapp zwei Monate zurück, lässt Davoût von Hamburg ab. Die Stadt ist kaputt, die Bevölkerung auf 55.000 Menschen geschrumpft. Die Vororte von Hamburg existieren nicht mehr.

Adresse Holstenwall 24, 20355 Hamburg | **Öffnungszeiten** frei zugänglich | **Tipp** Am Zaun von Planten un Blomen zur St. Petersburger Straße verschwindet der Sarkophag für die Toten von Ottensen beinahe im Gebüsch.

63 Landungsbrücke 8

Wo niemals ein Tourist hinfindet

»Landungsbrücken … Tor zur Welt … aber auch Schnittpunkt von Bahn und Straße, Bus- und Schiffslinie. Durchgangsstation für Touristen … und viele Menschen, die im Hafen arbeiten … unterschiedliche Schicksale … unterschiedliche Geschichten, die im Häusermeer der Großstadt oft im Verborgenen bleiben.«

Mit diesen Worten begann zwischen 1979 und 1982 jede Folge einer äußerst beliebten Vorabendserie. Sie prägte das kollektive Bild der »St. Pauli Landungsbrücken« nachhaltig und machte sie zu einer der beliebtesten Sehenswürdigkeiten Deutschlands. Abgesehen von Landungsbrücke 8. Dorthin verirrt sich selbst bei herrlichstem Wetter niemand. Dabei ergießen sich beim kleinsten Sonnenstrahl wahre Besucherströme über den beinahe 700 Meter langen Wasserbahnhof. Das imposante Tuffstein-Gebäude nebst Pegelturm und grünen Kuppeln von 1907 ist ja auch fast zu schön, um wahr zu sein.

Der erste Schiffsanleger wurde bereits 1839 an gleicher Stelle errichtet. Hier konnten die neuen Dampfschiffe mit Kohlen versorgt werden, ohne dem eigentlichen Hafen brandgefährlich zu werden. In früheren Zeiten machten an den Landungsbrücken die ganz großen Passagierschiffe fest, heute bloß noch Hafenfähren, Barkassen und Ausflugsboote. Doch ihre Wellen reichen, um die Pontons angenehm sacht schaukeln zu lassen.

Landungsbrücke 1 führt zu Hamburgs schwimmendem Denkmal, dem Dreimaster RICKMER RICKMERS. An Brücke 10 erstehen Instagramer ihre Fischbrötchen. Dazwischen reihen sich Touristenfallen an Souvenirläden, glitzert die Elbe, mühen sich Koberer redlich um Passagiere für die nächste Hafenrundfahrt, fällt ab und zu ein Selfie-Fotograf ins Wasser. Und das Leben fühlt sich hier immer wie Urlaub an. Selbst wenn man nur eine Mittagspause lang Zeit hat.

Und warum nicht an Brücke 8? Ganz einfach: Sie existiert nicht. Nach der Zerstörung im Zweiten Weltkrieg wurde sie als einzige nicht ersetzt.

Adresse Bei den St. Pauli Landungsbrücken, 20359 Hamburg | **Tipp** Unbedingt einen Abstecher wert ist das wunderschöne Kontor von Kapitän Prüsse. Die historischen Verkaufsräume der Reederei befinden sich im Gebäude oberhalb von Landungsbrücke 3.

64 Das Leuchtfeuer

Weil der Tod zum Leben gehört

Wer an der Hein-Hoyer-Straße 45 in den kleinen Fußweg einbiegt, passiert der Reihe nach: Erstens die Vereinigung der Verfolgten des Naziregimes. Zweitens eine Kita, direkt gegenüber ein Spielplatz. Drittens den Charon Verlag, der mit den »Schlagzeilen« eines der bekanntesten BDSM-Magazine herausgibt.

So zeigt sich schon nach wenigen Schritten die spezielle Vielfalt des Viertels, von der sich AnwohnerInnen reich beschenkt empfinden. Vielleicht so reich wie Salomon Heine, der 1784 mittellos nach Hamburg kam und es als Bankier zu enormem Wohlstand brachte. Seine Großzügigkeit und Wohltätigkeit sind legendär. Unter anderem stiftete er das Israelitische Krankenhaus, durch dessen Areal der Fußweg führt. Der Grundstein für den eleganten schneeweißen Bau linker Hand wurde 1841 gelegt.

In den ehemaligen Nebengebäuden kümmert man sich heute wieder um Kranke, Sterbende und ihre Angehörigen. Hervorgegangen aus einem Netzwerk für Menschen mit HIV und AIDS, realisierte Leuchtfeuer 1997 das erste Sterbehaus der Stadt – in guter Tradition mit großem Bürgerengagement. Heute sind es vor allem Krebserkrankte, die hier ihre letzte Lebensphase verbringen. Dass die Bewohner in Ruhe und Würde Abschied nehmen können, daran arbeitet ein hoch qualifiziertes Team.

Die Reduzierung von Schmerzen, körperlicher wie psychischer Art, gehört genauso dazu wie die Versorgung mit Lieblingsspeisen, gemeinsame Feiern oder letzte persönliche Wünsche. Wenn Bewohner die Angst vor dem Tod verlieren, in ihren letzten Tagen sogar Chancen wahrnehmen können, ist das Ziel erreicht.

Daher ist das Leuchtfeuer Hospiz auch ein Geschenk an uns alle, die wir das eigene Ende gern verdrängen. »To't Leben hört de Dood«, so steht es schon auf dem Grabstein von Hans Mahler und Heidi Kabel. Und es gibt schlechtere Orte zum Sterben als einen Hof zwischen Rot- und Blaulicht, in ruhiger Atmosphäre zwar, aber mitten im Leben.

Adresse Simon-von-Utrecht Straße 4d, 20359 Hamburg | **Tipp** 2019 zog das Gartendeck von der Großen Freiheit zum Leuchtfeuer. Der urbane Garten freut sich über alle, die ihn mitgestalten wollen (www.gartendeck.de).

65 Die Madonna der Meere

Ein letzter Gruß der Cap Horniers

An dem Promenadenende der Straße St. Pauli Fischmarkt, das seit einigen Jahren nicht mehr zu St. Pauli gehört, sondern zu Altona, befindet sich ein Platz, den man kaum als solchen wahrnimmt, geschmückt von einem Bronzemonument, das man leicht übersehen kann. Es ist die Madonna der Meere, meistens Madonna der Seefahrt genannt, nach ihrem Standort – dem Platz der Seefahrt.

Das Ehrenmal gedenkt der auf See gebliebenen Männer und Frauen aller Länder. Der Bildhauer Manfred Sihle-Wissel schuf die kauernde Frauengestalt auf dem hohen Sockel. Eine Welle scheint nach ihr zu greifen. Doch sie blickt unbeirrt in die Ferne. Und wartet. Vielleicht vergeblich.

Zu verdanken ist die Gedenkstätte den legendären Cap Horniers, jenen Kapitänen, die nur unter Segeln das gefürchtete »Kap der Stürme« in Südamerika bezwangen. Die Idee des Mahnmals im Hafen verfolgten sie bereits seit den 50er Jahren. 1985 konnten sie es endlich verwirklichen.

Knapp 20 Jahre später löste sich die deutsche Sektion des exklusiven Clubs nach 66 Jahren der Existenz auf. Die Albatrosse, wie sie sich selbst nannten, waren müde geworden und viele längst verstorben. So liest sich die Inschrift auf der Säule auch wie ein letzter Gruß an die Cap Horniers. Sie stammt aus der Feder des polnisch-britischen Schriftstellers Joseph Conrad, der selbst auf einem Flussschiff auf dem Kongo als Kapitän bestellt war: »Der unvergänglichen See, den Schiffen, die nicht mehr sind, und den einfachen Männern, deren Tage nicht wiederkehren.«

Alljährlich am Totensonntag findet eine Gedenkfeier auf dem Platz der Seefahrt statt. Dann wird Andacht gehalten, singt ein Shanty-Chor, werden Kränze niedergelegt. Und in einer Kapelle am anderen Ende der Welt schweift der Blick einer Miniatur-Madonna der Seefahrt weit über das Meer. Die Cap Horniers brachten die von Blohm + Voss gestiftete Kopie höchstpersönlich ans Kap Hoorn.

Adresse Platz der Seefahrt, unterhalb St. Pauli Fischmarkt 5, 22767 Hamburg | **Tipp**
Schlicht, sauber, ihren Preis wert – die Seemannsmission liegt nur ein paar Schritte
die große Elbstraße hinauf und vermietet Hotelzimmer auch an »normale« Menschen
(www.seemannsmission-altona.org/hotel).

66 __ Die Medienfassade

Wo Schatten ist, da ist auch Licht

Man denke an rote Laternen. An die elektrisch beleuchtete Kuppel des Amüsiertempels Trichter, der die gesamte Reeperbahn überstrahlte. An den mit unzähligen Sternen bestückten Theaterhimmel der Flora. An Eberhard Knopfs laufende Bilder im ersten Lichtspieltheater. Oder an Neonreklamen auf der Großen Freiheit. Licht hat schon immer eine Hauptrolle auf St. Pauli gespielt. Und so knüpft das Klubhaus St. Pauli bei aller Modernität an eine alte Tradition an.

Der 2015 eingeweihte Neubau beheimatet Clubs, Theater und technische Sperenzchen wie eine Lasertag-Arena, Life Escape Games und eine Holo-Bar für VR-Games, aber auch alteingesessene Läden wie das Kukuun oder den Sommersalon. Die eigentliche Attraktion ist die 700 Quadratmeter große Fassade des sechsgeschossigen Gebäudes. Mediatektur nennt man das, wenn Installation und Architektur gleichwertig nebeneinanderstehen. Weil dies am Spielbudenplatz bestens gelungen ist, gab es den deutschen Lichtdesign-Preis in der Kategorie »Inszenierung«. Und bei der internationalen Media Architecture Biennale 2016 in Sydney überflügelte St. Pauli den Airport Los Angeles und die Time Square Headquarters von New York.

Die Medienfassade besteht aus unzähligen Quadern mit goldenem Metallrahmen, die sich zu einem gigantischen Screen zusammenfügen. Beinahe rund um die Uhr wird sie bespielt. Selbst Werbung wird dabei wieder interessant. Faszinierender wirken natürlich künstlerische Clips, für die etwa ein Drittel der Gesamtspielzeit reserviert ist. Im Unterschied zu den meisten Videoscreens ist die Fassade transparent. Im Inneren glaubt man, durch ganz normale Fenster zu schauen. So wirkt es auch im gläsernen Fahrstuhl, der wiederum seine Aktivität mit unterschiedlichen Video-Szenarien nach außen hin untermalt. Das Schönste: Es wurde auch an die Umwelt gedacht. Der Fassadenquerschnitt verhindert, dass das Licht zum Himmel hin abstrahlt.

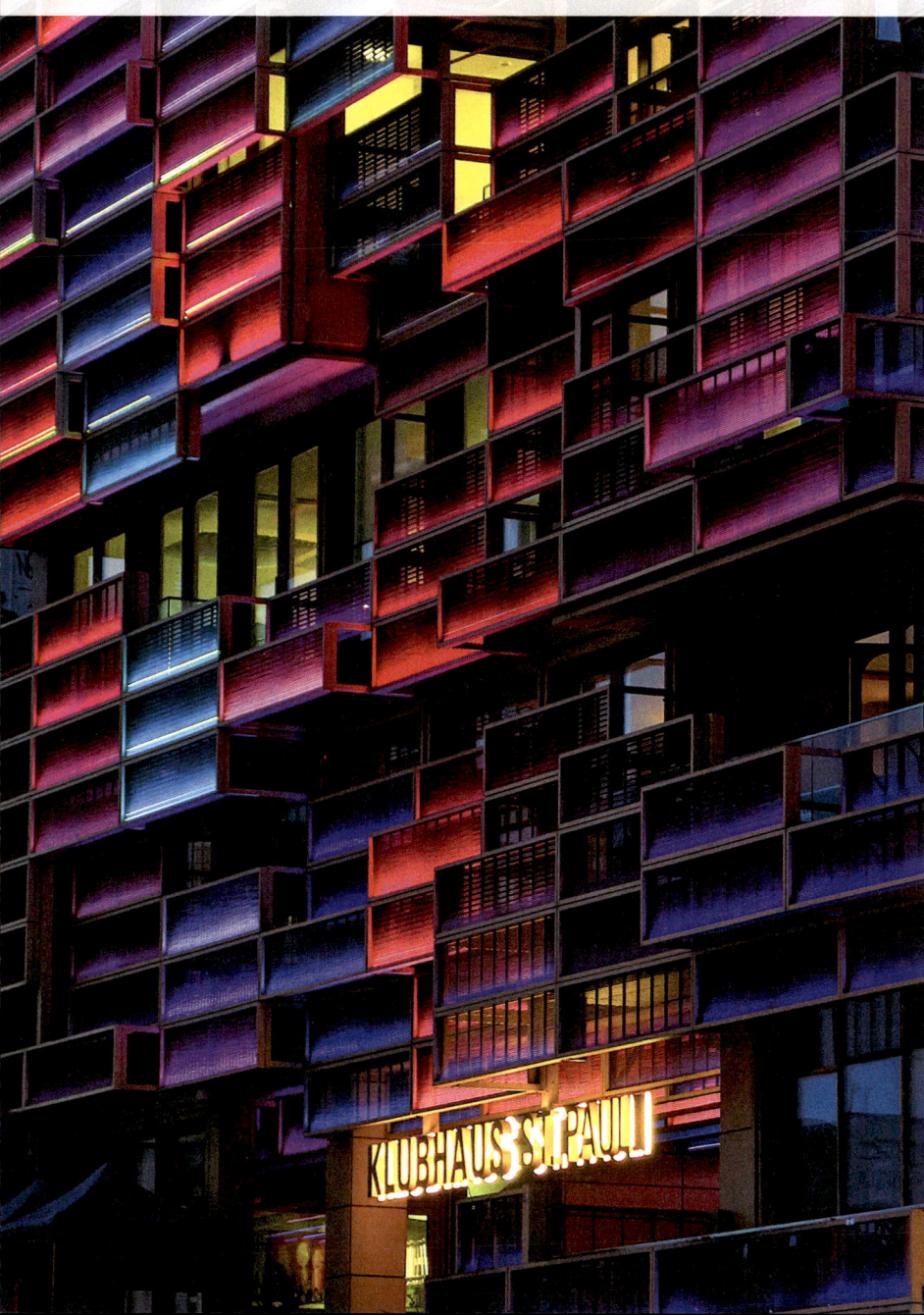

Adresse Spielbudenplatz 21/22, 20359 Hamburg | **Öffnungszeiten** täglich 9–6 Uhr | **Tipp** Wer in dunkelster Nacht unbändige Lust auf Fußballspielen verspürt – kein Problem. Der Bolzkäfig in der Schmuckstraße ist mit einer Flutlichtanlage ausgestattet. Man kann sie selbst bedienen.

KLUBHAUS ST. PAULI

67 Das Millerntor-Stadion

Im Freudenhaus der Liga

Anfang 2019 berichtete die New York Times über den Brooklyner Fanclub eines »obscure German Soccer Team«. Das gemeinte Team teilte den Artikel fröhlich auf Twitter als »a nice piece of an obscure New York Newspaper«. Sein Underdog-Image feiert der FC St. Pauli genau wie (fast) jedes Spielergebnis.

Nur bei der politischen Haltung hört der Spaß am Millerntor auf. Kein anderer Verein positioniert sich derart klar gegen Rassismus, Faschismus, Homophobie und Sexismus wie der Kiezclub. Das Alleinstellungsmerkmal hat »Pauli« zum Kult gemacht. Es könnte als geschickter Marketingschachzug gewertet werden, wäre das Bewusstsein nicht von den Fans selbst in den Club hineingetragen worden. Genau wie die Totenkopfflagge, die seit den 80er Jahren neben Vereins- und Regenbogenfahne über dem Stadion flattert.

Vielen gilt das Millerntor-Stadion als das wahre Herz von St. Pauli. Mehr als 400 eingetragene Fanclubs haben beim Umbau ein Wörtchen mitgeredet. Die Sitzverteilung und die Kindertagesstätte Piraten-Nest, die Auswahl der Sponsoren und Einrichtung von Fanräumen, das alles ist genauso Werk der Fans wie die legendäre Stimmung und das breite Angebot an veganen Speisen bei Heimspielen.

Wer nichts mit Fußball anfangen kann, kommt im Sommer zum Freiluftkino, zur jährlichen Kunstsause Millerntor Gallery oder im Rahmen einer Stadionführung. Sie garantiert spannende Blicke hinter die Kulissen, unter anderem ins FC St. Pauli-Museum, in die Kabinen der Stadionsprecher und Spieler sowie einige der 39 Logen. Die heißen auf St. Pauli Separees. Ihre individuelle Gestaltung reicht von einer Retro-Mannschaftskabine bis zur sakralen Kapelle mit Engeln, Altar und dem ikonenartigen Konterfei von Ex-Trainer Holger Stanislawski.

Dort kann man übrigens auch seine Hochzeit feiern. Aber das ist vielleicht doch ein bisschen viel Aufwand, bloß um einmal das Freudenhaus der Liga zu sehen.

Adresse Harald-Stender-Platz 1, 20359 Hamburg | **Tipp** Auf der Stadtversammlung präsentieren Initiativen ihre Projekte, diskutieren Nachbarn die Lage. Der FCSP unterstützt mit freier Logis im Ballsaal, wenn es irgendwie mit dem Spielbetrieb hinhaut (nächster Termin unter www.st-pauli-selber-machen.de).

68 Die Millerntorwache
Museum für Hamburger Geschichtchen

In einem der kleinsten, ältesten und vielleicht auch wichtigsten Gebäude St. Paulis sind alle Hamburger eingeladen, auf einem antiken Sofa mit grünem Samtbezug Platz zu nehmen, um ihre eigene Geschichte zu erzählen. Die wird dann aufgezeichnet in Bewegtbild und Ton. Denn es wäre ein Jammer, wenn sie in Vergessenheit geriete. Also auf zur Millerntorwache, die ab 1820 den Takt auf St. Pauli angab wie sonst nur Ebbe und Flut.

An ihr und ihrem Zwilling sowie zwei weiteren größeren Gebäuden, flankiert von Steinpfosten und Metallzäunen, kam damals niemand vorbei. Wer die abendliche Torsperre verpasste, durfte die Stadt Hamburg nur noch gegen empfindliche Gebühr betreten. Das war zwar eine Verbesserung gegenüber dem kompletten Torschluss, der die Menschen über Jahrhunderte regelmäßig in Torschlusspanik versetzt hatte. Doch es blieb ein übles Hemmnis. Es passte einfach nicht zum Alltag und der zunehmenden Industrialisierung. Längst pendelten Hamburger Arbeiter en masse in die Fabriken der Vorstädte. Bis dem Senat endlich dämmerte, dass Zölle und Wegegebühren zwar regelmäßige Einnahmen bedeuteten, aber eben auch eine deutliche Innovationsbremse, dauerte es noch bis zur Silvesternacht 1859/60.

Danach geriet die Millerntorwache unter die Räder der Geschichte. Nur das winzige Torhäuschen überlebte, interessierte aber niemanden großartig. Höchstens dass hin und wieder ein Lkw gegen die historischen Mauern rummste. 2004 wurde das klassizistische Kleinod darum mit einem Kran an den heutigen Standort versetzt.

Und da steht es jetzt also und wartet auf Ihre Geschichte! Vom Krieg oder Wiederaufbau, vom Kampf gegen die große Flut oder um die Häuser der Hafenstraße. Wer glaubt, nichts Spannendes beitragen zu können, irrt erstens. Und kann ja zweitens Eltern oder Großeltern mitbringen. Denn wer, wenn nicht sie, sollte Hamburgs Geschichte erzählen? Und wann, wenn nicht jetzt?

Adresse Millerntordamm 2, 20359 Hamburg | **Öffnungszeiten** Termine zum Erzählen oder Zuhören unter www.toepfer-stiftung.de/museum-fuer-hamburgische-geschichtchen | **Tipp** Auch der Hamburg-Baum von Franz Vollert beim Eingang zu Planten un Blomen ist schon mal versetzt worden. Sein ursprünglicher Standort wurde mit dem asbestverseuchten Millerntor-Hochhaus in die Luft gesprengt.

69 Die Modelleisenbahn
Maximalwunderland

Hamburgs größte Spur-1-Modelleisenbahn zieht ihre Kreise auf der längsten Anlage der Nenngröße I in Europa, initiiert und über die Jahrzehnte ausgebaut vom ältesten Modelleisenbahnverein Deutschlands. Und nur der guten Ordnung halber: Damit ist nicht die größte Modelleisenbahnanlage der Welt gemeint, denn die befindet sich ja in der Hafencity. Sondern die Anlage im größten Stadthistorischen Museum der Bundesrepublik, dem Museum für Hamburgische Geschichte.

Diese Rekorddichte hält der Laie kaum für möglich, wenn an einem ruhigen Wochentag die Räumlichkeiten im zweiten Obergeschoss wieder einmal völlig verwaist scheinen. Dann wirken die Dampf- und Dieselloks in den historischen Stadtbildern von Hamburg, Harburg und des Hafens in erster Linie herrlich aus der Zeit gefallen. Wie eine Aufforderung, selbst zwei, drei Gänge runterzuschalten, um in aller Seelenruhe die detaillierten Hafen-, Strecken- und Bahnhofsszenen zu studieren.

Zur eigentlichen Attraktion, den 25-minütigen Vorführungen, die mehrmals am Tag stattfinden, klopfen die Herzen von Bescheidwissern etwas schneller. Handelt es sich bei dem großzügigen Maßstab (1:32) doch um die Königsspur. Sie lässt eine besonders naturgetreue Darstellung zu und ermöglicht realistisch erscheinende Fahrgeschwindigkeiten.

Betreut wird die verkehrshistorische Anlage vom Modelleisenbahn Hamburg e. V. Er gründete sich bereits 1931. Den Weg ins Museum fand der Verein 1949 über den damaligen Vorsitzenden und Museumsleiter Prof. Dr. Walter Hävernick.

Ob der Charme der Anlage erhalten bleibt, wenn sie im Rahmen der Museumsmodernisierung in kleinere Räumlichkeiten weichen muss, ist nicht unumstritten. Wann der Umzug stattfinden wird, steht auch noch nicht fest. Mindestens bis Mitte 2020 wird die Anlage noch in ursprünglicher Form präsent sein. Am besten geht man also schnell noch einmal hin. Denn in Hamburg sagt man schließlich Tschüss.

Adresse Holstenwall 24, 20355 Hamburg | **Öffnungszeiten** Mo, Mi–Fr 10–17 Uhr, Sa, So 10–18 Uhr, Zeiten der Vorführungen unter www.mehev.de | **Tipp** Wer den Publikumsmagneten Miniatur Wunderland in der Hafencity besucht, erhält am gleichen oder folgenden Tag Ermäßigung auf den Eintrittspreis für das Museum für Hamburgische Geschichte.

70 Die Möwe Sturzflug

Das wird ja immer besser

Dass früher alles besser war, können Besucher der Cocktailbar Möwe Sturzflug nicht unterschreiben. Man muss ja bloß mal 400 Jahre im Kalender zurückblättern.

Damals wurde exakt dort, wo sich heute Nachtschwärmer und Nachbarn treffen, der Pesthof errichtet, eine mildtätige Stiftung, die sich im Laufe der Zeit zum Asyl für Aussätzige, psychisch Kranke und verelendete Personen entwickelte. Trotz der beachtlichen Ausmaße kam es zu großem Gedränge. Bald wurden 1.000 Menschen gepflegt. Sie wurden im Belagerungswinter 1813/14 von den Franzosen vor die Tür gesetzt, bevor diese den Krankenhof vollkommen zerstörten.

So ist es auch bloß eine urbane Legende, dass es sich bei den Gewölben unterhalb der Bar um den ehemaligen Pesthofkeller handelt. In Wahrheit baumelten in den gewaltigen Koopmannschen Eiskellern unter den Häusern Clemens-Schultz-Straße 94–96 sowie Annenstraße 34 und 36 Schweinehälften von der Decke. Johann Dittmer Koopmann betrieb bereits in den 1860er Jahren Massentierhaltung und Export-Schlachterei in ganz großem Stil.

Ebenfalls ein Gerücht ist möglicherweise die Nutzung als Folterkeller während des Naziregimes. Gesichert ist, dass die NSDAP hier eine Parteizentrale einrichtete. Auch auf St. Pauli wurde sie 1933 zur stärksten Partei.

Nach dem Krieg nutzte ein Trödler den Keller eine Zeit lang als Verkaufsfläche und inspirierte vielleicht den späteren Betreiber der Bar Zoë zur ersten Sofabar von St. Pauli. In jedem Fall aber Fatih Akin, der hier eine Schlüsselszene der mit Preisen überschütteten Tragödie »Gegen die Wand« spielen ließ.

Tische und Stühle unter Bäumen und Lampions gibt es erst, seit Sonja Rosebrock 2012 den Laden übernommen hat. Und das Leben muss sich schon sehr anstrengen, um etwas Besseres aus dem Hut zu zaubern als einen lauschigen Sommerabend mit Freunden, wahlweise an einem Möwenlassi oder einem Earl Möwenborough nippend.

Adresse Clemens-Schultz-Straße 96, 20359 Hamburg | **Öffnungszeiten** Mo–Mi 19–1 Uhr, Do 19–2 Uhr, Fr, Sa 19–4 Uhr | **Tipp** Wer sich für die kleinen Freuden im Leben begeistern kann, findet um die Ecke das Atelier 91. St. Paulis wohl kleinster Laden für alles, was schön ist (insbesondere Fine Art Prints, Papeterie, Bürobedarf).

71__Der Nachthafen

So was gab es ja früher gar nicht

Dem Nachtleben Adieu zu sagen, bloß weil man die 40, 60 oder 80 überschritten hat, kommt auf St. Pauli gar nicht in die Tüte. Auch wem die Lust vergangen ist, überall und ständig mitzumischen, bleiben eine Handvoll Läden, die den regelmäßigen Besuch wert sind. Und sei es nur, um die ewigen Tresenthesen zu widerlegen, von damals, weißt du noch, als der Kiez noch so richtig spannend war.

Wann genau das war, hängt mit dem jeweiligen Alter zusammen. Je nach Jahrgang nörgeln sie, dass in den 90ern mehr Spaß war, in den 80ern mehr Subkultur, in den 70ern mehr Sex, in den 60ern mehr Beat und so weiter, denn:

»So leid es mir tut: Sankt Pauli ist sehr brav und fast gutbürgerlich geworden. Der stöhnende Trubel der Inflation ist dahin; und es gibt keine ›Sailors‹ mehr, die vier Monate auf dem Meer mit dem Schiffszwieback und den Ratten und dem Kapitän allein waren und vier salzige Monate lang keine Frau mehr gesehen hatten; und es gibt nicht mehr diese tobenden Nächte und nicht die bunten Verbrechen …«

So lamentierte schon Kurt Tucholsky. Das war im Jahr 1927. Und Tucholsky ging auf die 40 zu. Es war sein Pech, dass es damals den Nachthafen noch nicht gab.

Die Kneipe gehört zu diesen hervorragenden Nischen, wo es gar nicht wehtut, sich einzugestehen, dass die Einzigen, die nicht von alten Zeiten schwärmen, die Jungen sind. Die erleben – wie alle Generationen zuvor – St. Pauli als Abenteuer. Gerade jetzt!

Manchmal gucken sie auch im Nachthafen vorbei. Allein schon, weil der früher mal ein Puff gewesen sein soll. Da liegt dann immer gute Musik auf dem Plattenteller, spielt ab und zu die Live-Gitarre, zieht der Typ hinterm Tresen einen weiteren Strich auf dem Zettel, tragen manche Klamotten aus den 90ern, kostet das Bier nicht viel mehr als in den 80ern, erinnert die Atmosphäre an einen Partykeller in den 70ern, bittet ein Schild darum, keine E-Zigaretten zu rauchen. Kurz: Ist einfach alles gut, so wie es ist.

Adresse Clemens-Schultz-Straße 93, 20359 Hamburg | **Öffnungszeiten** täglich 20 – 3 Uhr, mindestens | **Tipp** Gleich gegenüber serviert Müslüm im Köz Antep solide türkische Küche. In guter alter Pauli-Tradition täglich und rund um die Uhr, seit Jahrzehnten.

72 Der Nachtmarkt

Am Freiluft-Buffet

Sieht ganz so aus, als könnten St. Paulianer nichts mit üblichen Marktöffnungszeiten anfangen. Jedenfalls gelang es lange keinem Wochenmarkt, sich neben dem frühmorgendlichen Fischmarkt zu etablieren. Erst 2007 fand sich die richtige Idee, um Anwohner und Gäste zum Schlendern, Schlemmen und Shoppen auf den Spielbudenplatz zu locken: der Nachtmarkt.

Das Konzept nächtlicher Märkte stammt aus Asien, passt aber auch hervorragend zum Leben westlicher Großstädter. Von denen müssen ja nicht wenige ihre Einkäufe nach Feierabend erledigen. Und das ist unter freiem Himmel natürlich eine größere Freude als im überfüllten Supermarkt. Auch das Gewissen darf auf dem Nachtmarkt entspannen. Viele Anbieter konzentrieren sich auf Waren aus der Region und Bioqualität – ganz ohne Plastikverpackungen.

Wenn der Nachtmarkt sein Treiben unter ein Motto stellt, wie Angrillen, Abgrillen, Spargel- oder Grünkohl-Special, kann man seine Einkäufe auch direkt vor Ort zubereiten lassen. An warmen Sommerabenden ist die Grenze zur Party dank Streetfood-Trucks und Livemusik häufig fließend. Ob sich an den meterlangen Tischen noch ein freier Platz für den obligatorischen Käseteller und das übliche Glas Wein findet, wird dann zur Glückssache. Im doppelten Wortsinn.

Nostalgische Seelen genießen vor allem die Schietwetterphasen. Dann reihen sich bisweilen zwar nicht einmal halb so viele Stände aneinander wie zur Hochsaison. Dafür muss man aber nirgends anstehen. Und gerade an düsteren Tagen ist die Stimmung eine ganz besondere. Im abnehmenden Licht treten die schadhaften Fassaden der Reeperbahn in den Schatten, und die Lichter spiegeln sich verträumt in den Pfützen. Und überhaupt ist es doch eine wunderbare Entwicklung, dass wieder Buden auf dem Spielbudenplatz stehen. Die namensgebenden hölzernen Schaubuden der fliegenden Händler, Gaukler und Artisten mussten schon 1840 weichen.

Adresse Spielbudenplatz, 20359 Hamburg | **Öffnungszeiten** Mi ab 16 Uhr, im Winter bis 22 Uhr, im Sommer bis 23 Uhr | **Tipp** Der Nachtmarkt stellt »10 Meter St. Pauli« für Initiativen, Künstler, Anwohner kostenfrei zur Verfügung (www.spielbudenplatz.eu).

73__Das Nichts dahinter

Alles Fassade

Als Corny Littmann und Ernie Reinhardt aka Lilo Wanders am 8.8.88 um 8 Uhr 8 (abends) das Schmidt Theater eröffneten, fand der Spielbudenplatz zu seiner ursprünglichen Bestimmung zurück. Er war nach dem Krieg zu heftig heruntergekommen, als dass es über Nacht hätte geschehen können, so wie 1840, als Varietés, Theater, Tanzlokale wie Pilze aus dem Boden schossen und der sonntägliche Familienausflug ganz und gar nichts Anrüchiges hatte. Daran anzuknüpfen brauchte seine Zeit. Inzwischen zelebriert der Spielbudenplatz wieder lückenlos – jedenfalls zwischen Tauben- und Davidstraße – die Vergnügungen der leichten Muse.

Nur ein Haus tanzt aus der Reihe. Hinter der Fassade mit der Hausnummer 26 befindet sich: nichts.

1886 als Konzerthaus »Die neue Welt« eröffnet, wechselte das Haus schon bald Besitzer und Bestimmung. Hein Köllisch gab sein Debüt »Im siebten Himmel«. Der wurde 1902 von der Hamburg-Amerika-Bar abgelöst. Tout-Hambourg war geblendet von der eleganten Ausstattung und weiblichen (!) Bartendern, die »American Fancy Drinks« mixten. Später wurden sie Cocktails genannt und das Haus Nummer 26 ein »Kinematographentheater«. Es folgte eine Gefrierfleischverkaufsstelle und schließlich das Wellenbad Apollo. Zwischen 1934 und 1980 nutzte die Nachbarschaft »Deutschlands modernstes Sportbad« auch gern als Badezimmerersatz.

Und dann kaufte einer die Immobilie, der sich bis heute nicht dazu durchringen kann, sie einer Nutzung zuzuführen. Das Haus verfiel zunächst zur Ruine, dann zum Nichts. Das passiert im Dreh gar nicht so selten, wie man angesichts möglicher exorbitanter Mieteinnahmen vermuten sollte. Viele Eigentümer lassen Gebäude verfallen oder Grundstücke zu Müllkippen verkommen. Die Reeperbahn gleicht einem schadhaften Gebiss.

Nur die Fassade erhält der Besitzer des Spielbudenplatzes 26 aufrecht. Gezwungenermaßen. Sie steht seit 1998 unter Denkmalschutz.

Adresse Spielbudenplatz 26, 20359 Hamburg, Blick aufs Nichts rückwärtig von der Kastanienallee | **Tipp** Zahlt doch, was ihr wollt! Im Theater Schmidtchen rocken Neuentdeckungen die Bühne. Die Gäste bezahlen nach der Vorstellung – so viel sie wollen.

74 Das Nil

Alles im Fluss

Als Fernsehköche sich noch nicht als junge Wilde begriffen, brauchte auf St. Pauli durchaus einen Schuss Leichtsinn und Verwegenheit, wer sich in die Höhen des Fine Dinings aufschwingen wollte. Gehobene Gastronomie war 1989 noch mit Schickimicki-Vorwürfen verbunden und zog schon mal Angriffe mit Buttersäure oder eingeschlagene Fenster nach sich. Doch das konnte drei, die tatsächlich jung waren und wild auf etwas Eigenes, nicht von dem Lokal ablenken, das sie ins Visier genommen hatten.

Streng genommen konnten sich die Newcomer den ehemaligen Schuhladen am Neuen Pferdemarkt nicht leisten. Auch drängte sich die eigenwillige Architektur nicht unbedingt für ein Restaurant auf. Es erforderte jahrelange Renovierung, bis sich alle drei Geschosse und der Sommergarten zusammenfügten.

Inzwischen ist das Nil eine Institution und wird gerade wegen der traumhaften 50er-Jahre-Anmutung geliebt. Wegen seiner Küche natürlich nicht minder. Küchenchef Matthias Schulz und Crew thronen im Nil standesgemäß über allem hinter einer Fensterfront. Die Menüs fallen im Winter etwas traditioneller aus, im Sommer mediterraner. Mit ausgesuchten saisonalen und regionalen Produkten, Fleisch aus artgerechter Haltung und stimmigen Aromatiken bleibt das Nil seit 30 Jahren gleichermaßen zeitgemäß wie zuverlässig. Die Preise sind fair. Der Service zuvorkommend. Die Atmosphäre angemessen locker.

Das weiß ein breit gefächertes Publikum zu schätzen. Einen Abend im Nil genießen Hamburger und Touristen, junge Familien und langjährige Gäste. So einige sind gemeinsam mit dem Viertel und Steffen Hellmann, dem letzten verbliebenen Gründer, erwachsen geworden. Manche können sich noch an Livemusik im Souterrain erinnern und an Abende, an denen sich die halbe Gastroszene der Stadt an der Bar versammelte. Aber eine Träne weint dem niemand nach. Dafür ist das Heute im Nil einfach zu gut.

Adresse Neuer Pferdemarkt 5, 20359 Hamburg | **Öffnungszeiten** Menüs, Buchungslage unter www.restaurant-nil.de | **Tipp** Im Vertragshotel des Star-Clubs, dem Hotel Pacific auf der anderen Seite des Pferdemarkts, logierten nicht nur die Beatles. Die Atmosphäre der Sixties ist geblieben.

75_Der Nobiskrug

Kontrollierte Grenzüberschreitung

Erst die Kneipe. Dann das Gesetz. So war es auf St. Pauli schon immer. Und so ist es bis heute in mancherlei Hinsicht geblieben. Zum Beispiel könnte man locker ein Buch über 111 Raucherkneipen verfassen, ohne das Viertel zu verlassen. Eine davon ist der Nobiskrug in der Lincolnstraße.

In der ältesten Schankwirtschaft im Dreh füllen sich schon vormittags die Aschenbecher, als hätte es Nichtraucherschutz nie gegeben. Das ist nicht untypisch für Nobiskrüge, von denen es etliche in Norddeutschland gibt. Schon in uralten Zeiten galten sie wahlweise als Sinnbild der Hölle oder willkommene Außenposten auf Reisen durch die Wildnis.

Ein solcher war der Nobiskrug von 1526. Er lag – nur eine Querstraße vom heutigen Namensvetter entfernt – am Grenzbach zu Altona, der Pepermölenbek, die in ihrem Verlauf in etwa der gleichnamigen Straße entsprach. Damals stellte das Wirtshaus die einzige Einkehrmöglichkeit in der bewaldeten Einöde zwischen Hamburg und Blankenese dar. Das nach dem Krug benannte Stadttor, das Nobistor, entstand erst 200 Jahre später. Zusammen mit Pinnastor, Schlachterbudentor, Trommeltor, Hummeltor und einem namenlosen Tor an der Thadenstraße regulierte es den Grenzverkehr eher lässig als strikt. Zwar gab es auch hier nächtliche Torsperren. Doch so zugeknöpft wie Hamburg zeigte sich Altona den St. Paulianern gegenüber nie. Wer wollte, fand immer einen Weg auf die andere Seite. Gesetze nach Sinnhaftigkeit auszulegen lag und liegt den Bewohnern beider Stadtteile im Blut.

Womit wir beim Hamburgischen Nichtraucherschutzgesetz wären. Es besagt: Alle Gaststätten sind grundsätzlich rauchfrei. Abgesehen von den sogenannten Eckkneipen, die nicht zwanghaft an einer Ecke gelegen sein müssen. Wer's nicht mag, kann schließlich draußen bleiben. Oder wie es auf dem alten Grenzpfahl des Nobistors steht: »Nobis bene – nemini male.« Uns wohl, niemandem übel.

Adresse Lincolnstraße 14, 20359 Hamburg | **Öffnungszeiten** täglich, Mo–Do 12 – 23 Uhr, Fr–So 12 – 24 Uhr | **Tipp** Das Nobistor gibt's nicht mehr. Aber der alte Grenzpfahl kann an der Reeperbahn 170 bewundert werden.

76 Die Norddeutsche Seewarte

Es gibt kein schlechtes Wetter (bloß öde Apps)

In Hamburg ist man nie um ein Gesprächsthema verlegen, denn es gibt ja das Wetter. Darüber lässt sich immer klagen. Das war schon 1868 so. Daher gründete ein vermögender Ostfriese, Wilhelm von Freeden, ein privates Wetterinstitut. Er wollte Schiffskapitänen Fahrtanweisungen liefern – nach modernsten meteorologischen Erkenntnissen. Das gelang ihm derart erfolgreich, dass sein Haus bald der Kaiserlichen Admiralität unterstellt war. Nach 1945 wurden die Aufgaben auf zwei Behörden aufgeteilt.

Um das Wetter kümmert sich heute das Seewetteramt. Es sitzt in der alten Navigationsschule, einem beeindruckenden Backsteingebäude im Stil der Niederländischen Renaissance. Wer die eigenen Fähigkeiten in der Kunst des norddeutschen Small Talks vervollkommnen möchte, findet am Hintereingang Hilfe. Etwa mittig der Promenade »Bei der Erholung« wird täglich ein Schaukasten mit herrlich unnützem Nischenwissen zur aktuellen Wetterlage bestückt. Nach Art der guten alten Wandzeitung gestaltet und mit prächtigem Blick auf den Hafen, lässt sich hier fein »Fofftein moken«. Vorausgesetzt, dass das Wetter mitspielt. Ist dies nicht der Fall, kommt das benachbarte Bundesamt für Seeschifffahrt und Hydrographie (BSH) ins Spiel. In der vielleicht spannendsten Behörde Deutschlands dreht sich alles um nautische Geräte, Seekarten, Sturmwarnungen, Wracksuchen und die Wasserqualität in Nord- und Ostsee. Die Mitarbeiterkantine steht der Allgemeinheit (nach Vorlage des Personalausweises) offen. Das Essen ist günstig – der Blick unbezahlbar. Und falls das Wetter sich dann immer noch nicht gebessert hat, lässt sich die Zeit bis zur nächsten Regenpause prima in der maritimen Fachbibliothek überbrücken. Man darf sich von dem kleinen Lesesaal nicht täuschen lassen. Das Archiv umfasst 177.000 Medien, 50.000 Seekarten und die wohl größte Flaschenpostsammlung der Welt.

Adresse Bei der Erholung, 20359 Hamburg | **Öffnungszeiten** Kantine BSH: Mo–Fr 12.15–14 Uhr | **Tipp** Die älteste und größte tropenmedizinische Bibliothek Deutschlands befindet sich im benachbarten Bernhard-Nocht-Institut für Tropenmedizin (Besucher werden um telefonische Anmeldung gebeten unter Tel. 040/42818404).

77 Die Oströhre

Down under

Am Ende waren die Kosten von 16 auf 60 Millionen Euro explodiert und aus den avisierten drei Jahren fast zehn geworden. Damit dauerte die Komplettrestaurierung der Oströhre beinahe viermal so lang wie der Bau des Alten Elbtunnels – selbst gut 100 Jahre zuvor.

Eine feste Querung unter der Elbe war damals nötig geworden, weil ein Großteil der Arbeitsplätze in Werften, Fischindustrie und weiteren Hafenbetrieben auf der anderen Elbseite lag. Der Spatenstich für das Großprojekt erfolgte 1907. Im September 1911 wurde der Tunnel dem Verkehr übergeben. Dies geschah feierlich, ist auf der Website der Hafenbehörde HPA zu lesen. »Ohne große Feierlichkeit«, textete hingegen die Baugewerks-Zeitung am 11.11.11. Großes Tamtam schien auch nicht angebracht. Nicht alles war reibungslos gelaufen.

Von den 4.400 Arbeitern, die unter den erbärmlichsten Bedingungen geschuftet hatten, erkrankten 689, viele davon schwer. Drei Männer starben gar an der Taucherkrankheit.

Da erscheinen heutige Behörden, die penibel auf Arbeitsschutz und größtmögliche Sicherheit achten, gleich in einem ganz anderen Licht. Brandmelder, Gasmelder, Lautsprecheranlagen, Fluchtwegbeschilderung – das alles ist jetzt wieder auf dem neuesten technischen Stand. Und auch das Denkmalschutzamt ist zufrieden. Man arbeitete mit der HPA Hand in Hand. Kacheln, Fliesen, Jugendstil-Kassetten und Steinzeugreliefs sind zwar zum Großteil Repliken, doch von Keramikkünstlern nach alter Art gefertigt. Sogar die beliebten Tunneltiere, Ratten, Aale, Krebse, Robben und Seesterne, wurden nach Original-Vorlagen reproduziert.

Das freut die rund eine Million Fußgänger und 300.000 Radfahrer, die jährlich durch den Alten Elbtunnel düsen. Während die Bedeutung für Hafenarbeiter abnimmt, wird er als Pendlerroute aus den Wohngebieten südlich der Elbe wichtiger. Als Nächstes ist die Weströhre dran.

Adresse Bei den St. Pauli Landungsbrücken, 20359 Hamburg | **Tipp** Schon gibt es Bestrebungen, die Steinwerder Badeanstalt wiederzubeleben, die von 1900 bis 1954 direkt neben dem Tunnelschacht existierte. Wer einmal von dort den Panoramablick auf St. Pauli genossen hat, kann den Plan nur unterstützen.

78 Der Otzenbunker

St. Pauli muss laut bleiben

Gründerzeitbauten, schicke Eigentumswohnungen, uralte Baumriesen, kaum mal ein Auto und die Friedenskirche. Am Brunnenhof gibt sich St. Pauli hanseatischer als Eppendorf. Nur stiller, sehr viel stiller. Grabesstill, sagten die Musiker vom Otzenbunker, als dem legendären Betonklotz 2018 ein Nutzungsverbot erteilt wurde. Ein schwerer Schlag für die Hamburger Musikwirtschaft.

Der Bunker gilt als Wiege vieler Top Acts der hiesigen Musikszene. Hier bastelten schon Bands wie die Sterne, Blumfeld, Tocotronic und die Goldenen Zitronen an ihrer Karriere. Sie protestierten nun ebenso wie Kettcar, Fettes Brot oder Deichkind gegen die Schließung.

Die habe nicht an Lärmbeschwerden gelegen, behauptet das Bezirksamt Mitte, sondern an baulichen Mängeln. Aber wo kein Kläger, da kein Richter, sagen die 120 Bands, die ihr kreatives Zuhause verloren. Und dass es die Mängel immer schon gegeben habe, während die Beschwerden ein neues Phänomen seien. Im Kern ging es sowieso um mehr. 40 Proberäume von heute auf morgen futsch. Das lässt sich nicht ersetzen. St. Pauli gehen die subkulturellen Räume aus. Darum forderten die MusikerInnen aus dem Otzenbunker mit der Initiative »St. Pauli bleibt laut« mehr Engagement von den Behörden. Hamburg schmückt sich immerhin mit dem Label Musikstadt.

»Sehr berechtigt« nannte die Kulturbehörde dieses Anliegen. Und auch die Stadt sicherte nach langen Monaten der Ungewissheit Unterstützung zu. 200.000 Euro machte sie locker für eine neue Belüftungsanlage und – Lärmschutz.

Für den Fall, dass die temporäre Schließung also doch mit Lärmbeschwerden zu tun gehabt hätte, gab Frank Spilker von den Sternen im Radio einen guten Tipp, wie man zukünftig Konflikten vorbeugen könnte. Eine Art Führerschein für Leute, die sich auf St. Pauli eine Wohnung kaufen. »Dass sie vorher aufgeklärt werden, dass man nachts … auch mal Geräusche hört.«

Hamburger Musikkultur retten!

ST. PAULI BLEIBT LAUT!

#stpaulibleibtlaut #otzenbunkerbleibt

Adresse Otzenstraße 28, 22767 Hamburg | **Tipp** Stullen und Getränke von entspannten für entspannte Leute gibt's im Hummel & Quiddje in der Bernstorffstraße 66. Kleiner Garten mit Blick auf den Otzenbunker.

79 Die Palmeninsel

Kulturgipfel auf dem Pinnasberg

Hafen, Sex und Subkultur. Die großen Themen von St. Pauli verdichten sich auf dem Pinnasberg. Denn alles mit P bringt Glück. So sagte es schon Hannes Kröger, der singende Seefahrer, als er Paloma (eigentlich Gisa) in seiner Wohnung hier oben einquartierte. Bereits damals lebte St. Pauli von einem Mythos, den es nicht mehr gab. »Große Freiheit Nr. 7« wurde im letzten Kriegsjahr gedreht – aufgrund zunehmender Bombenangriffe größtenteils in Prag.

Zwar prägten Hafen, Arbeiter und Seeleute nach Kriegsende noch einmal für einige Jahrzehnte das Leben auf St. Pauli. Mit zunehmender Automatisierung schrumpfte er jedoch zur reinen Kulisse. Ein Schicksal, das er mit dem Rotlicht teilt. Vielleicht hat die allgemeine Pornoisierung das Geschäft mit dem Sex überflüssig gemacht. Vielleicht fehlen dem Milieu auch nur die Ideen. Das Angebot auf dem Kiez scheint heute jedenfalls verstaubter als »Das gelbe Haus am Pinnasberg«. Autorin Bengta Bischoff, eine Hausfrau in den allerbesten Jahren, fabulierte schon 1969 von einem Bordell für Frauen, in dem 36 Eros-Brüder aller Hautfarben für Frauen jeden Alters zur Verfügung stehen und alle Bediensteten schwul sind.

Dass Phantasien wahr werden können, hat das Projekt »Park Fiction« bewiesen. Jahre rang ein Bündnis aus Anwohnern, Kulturschaffenden und Künstlern mit der Politik um die Grünanlage. Heute kann man sich den Elbhang gar nicht mehr ohne Metall-Palmen vorstellen. Einen besseren Platz für eine Hängematte als die Palmeninsel mit freiem Blick auf die Elbe gibt es wohl nicht. Kopfzerbrechen macht nur, dass der Park in manchen Nächten zur Billig-Party-Zone verkommt.

Damit gleicht die Lage auf dem Pinnasberg der Kritik zu »Große Freiheit Nr. 7« im Lexikon des Internationalen Films: »Deftiges Seemannsgarn verbindet sich mit nüchternem Realismus und heftigen Gefühlen, authentischer Atmosphäre und einem Hauch von Resignation.«

Adresse Pinnasberg bis Hafenstraße, 20359 Hamburg | **Tipp** Untrennbar verbunden ist »Park Fiction« mit dem Golden Pudel, der in den 90er Jahren von den Allround-Künstlern Rocko Schamoni und Schorsch Kamerun initiierten Club-Ikone. Ein Verein und eine Stiftung setzen sich dafür ein, dass der Pudel dauerhaft als (gegen)kultureller Ort erhalten bleibt.

80 Das Paloma-Viertel
Knack den St.-Pauli-Code

2009 erwarb ein Investor die Esso-Häuser am Spielbudenplatz, um sie vergammeln und abreißen zu lassen. Die Bewohner der Platten-bauten, von denen viele seit Jahrzehnten dort lebten und ohne Alternative waren, spielten keine Rolle. Ein Unternehmenssprecher gab das in der Langzeitdokumentation »Buy Buy St. Pauli« unumwunden zu. Man richte sich »grundsätzlich nicht nach gesellschaftlichen Utopien«, sondern nach betriebswirtschaftlichen Kennzahlen.

Das hätte er vielleicht nicht ganz so arrogant sagen sollen. Denn spätestens jetzt verstand eine breite Öffentlichkeit, warum sich diverse Initiativen für den Erhalt des maroden Komplexes einsetzten. Zwar konnten Demos, Mahnwachen und kreative bis subversive Protestaktionen den Abriss nicht verhindern. Doch als es 2014 tatsächlich dazu kam, war den Behörden längst klar, dass sie dem Investor besser keinen Freibrief ausstellen sollten.

So erhielt die PlanBude den Auftrag, eine Bürgerbeteiligung zu organisieren. Das interdisziplinäre Team aus Architekten, Künstlern, Sozialarbeitern und Stadtplanern hatte sich aus einer Stadtteilversammlung heraus gegründet. In einem offenen Prozess wurden 2.300 Ideen aus der Bevölkerung gesammelt und im sogenannten St.-Pauli-Code verdichtet. Er diente als Grundlage des Architektenwettbewerbs.

Neben einem Hotel- und Wohnkomplex des Investors sieht der Gewinnerentwurf nun 60 Prozent geförderten Wohnraum vor und Projekte, die allen im Viertel zugutekommen sollen. Eine Stadtteilkantine, eine offene Hightech-Werkstatt, Proberäume für Musiker, Beratungsangebote für Prostituierte, Dachgärten, Skaterbahnen, Spielfelder. So viel Mitbestimmung gab es noch bei keinem Großprojekt in Deutschland. Selbst den Namen des neuen Quartiers hat ein Anwohner vorgeschlagen. Ob das Paloma-Viertel Modellcharakter für andere Städte entwickelt, muss sich bis zur avisierten Fertigstellung 2023 noch zeigen.

Adresse Noch existiert nur ein riesiges Nichts auf der südlichen Seite des Spielbuden-platzes. | **Tipp** Über den aktuellen Stand informiert das Team der PlanBude, Spiel-budenplatz, Ecke Taubenstraße (Öffnungszeiten unter www.planbude.de).

81 Das Panoptikum
Maximale Promidichte

Das Panoptikum ist der älteste Amüsierbetrieb auf St. Pauli und bis heute in Hand der Gründerfamilie Faerber, mittlerweile in fünfter Generation. Dass sich das Haus durch Weltgeschichte und Zeitgeist kämpfte, ist keine Selbstverständlichkeit. Das Hamburger Panoptikum ist das letzte deutsche Wachsfigurenkabinett.

Bei der Gründung im Jahr 1879 gehörten Kabinette zu den beliebtesten Unterhaltungsmöglichkeiten überhaupt in Europa. Zeitungen arbeiteten noch nicht mit Fotos, und andere Medien waren nicht einmal erdacht. Dementsprechend groß war das Bedürfnis, mit eigenen Augen zu sehen, was in den Nachrichten stattfand. In Hamburg waren das etwa Prominente aus Politik und Adel, Maler und Mörder, gern auch erotisch aufgeladene Genregruppen. Einige Themenkomplexe, etwa die Zurschaustellung von Geschlechtskrankheiten im Anatomischen Museum, waren derart skandalös, dass der Besuch an sechs Tagen in der Woche ausschließlich »erwachsenen Herren« gestattet war. Frauen durften diesen Bereich nur freitags betreten.

Der aufkommende Film läutete das Sterben der Wachsfigurenkabinette ein. Heute kämpft das Kino selbst ums Überleben, während das Panoptikum von den neuen Medien profitiert. Die Aufstellung der Figuren und Dioramen richtet sich seit einer Weile nach den Bedürfnissen von Selfie-Jägern.

Wer sich mehr für Geschichte im Allgemeinen und die von St. Pauli im Besonderen interessiert, findet sie in den Hintergrunderzählungen zu den ausgestellten Persönlichkeiten.

Wie kam der Mann mit den drei Augen auf den Kiez und Jan Fedder ins Panoptikum? Warum überlebte ausgerechnet die Hitler-Figur die Bombardierung der Stadt? Ist Olivia Jones wirklich so groß wie Vitali Klitschko und Otto so klein wie Udo? Welche Dom-Dynastie hat ihren Ursprung im Panoptikum? Diese und andere Fragen beantwortet der Audioguide. Er ist im ohnehin zivilen Eintritt von 6,50 Euro für Erwachsene enthalten.

Adresse Spielbudenplatz 3, 20359 Hamburg | **Öffnungszeiten** Mo–Fr 11–21 Uhr, Sa 11–24 Uhr, So 10–21 Uhr | **Tipp** Noch ein feiner Selfie-Spot ist die Damentoilette im clouds. Das höchste Restaurant Hamburgs in den Tanzenden Türmen ist grundsätzlich hochpreisig, das Lunchmenü aber erschwinglich.

82 Reeperbahn Nummer 1
Der Eingang zum Untergrund

Angesichts der kühlen Tanzenden Türme an der Reeperbahn 1 und der vollkommen beliebigen Bebauung gegenüber ist kaum vorstellbar, was einst im Reiseführer »St. Pauli, wie es leibt und lebt« zu lesen war: »Wer im Abenddunkel von der Stadt herkommend sich dem Millernthore nähert, dem erscheint St. Pauli wie eine magische Feenwelt.«

Das war 1889, und das Entree zur Reeperbahn markierten zwei architektonische Sensationen. Das Ausflugslokal Trichter mit der auffälligen Dachkonstruktion, einem spitz zulaufenden Oktagon, hatte sich zum noch eindrucksvolleren »Hornhardt's Etablissement« gemausert. Bis zu 1.000 Gäste lauschten hier dem Garten-Orchester, das in einer künstlichen Grotte spielte, und Liebespärchen poussierten in lauschigen Lauben. Auf der anderen Straßenseite strahlte die Volksoper im Zuckerbäckerstil. Hingucker des 2.000 Sitzplätze umfassenden Prachtbaus war ein Wasserfall, der von der fünften Etage in die zweite hinabstürzte.

Wie öde scheint dagegen das Heute. Wie hoffnungslos die Lage. Denn von wo sollte man all die Schöngeister herbeizaubern, die es Abend für Abend bräuchte, derlei Herrlichkeit am Laufen zu halten? Es grenzt ja schon an ein Wunder, dass es überhaupt noch jemand wagt, Glanzpunkte gegen den Trash zu setzen. Ganz vorn dabei: die Clublegende Mojo.

Tagsüber ist vom Mojo nur das Jazz Café im Erdgeschoss der Tanzenden Türme zu sehen. Erst zur späten Stunde öffnen sich gewaltige, im Boden versteckte Portale auf dem Vorplatz der Reeperbahn 1. Darunter liegt ein neun Meter hohes, zweigeschossiges Gewölbe, das aus akustischen Gründen frei im Raum hängt. Der Club wurde quasi um die Soundanlage herumgebaut. Mit seiner denkbar puristischen Anmutung und den erlesenen Konzerten ist der Mojo ein gleichermaßen visuelles wie auditives Erlebnis. Die Reeperbahn besitzt eben doch noch einigen Zauber. Wenn auch im Verborgenen.

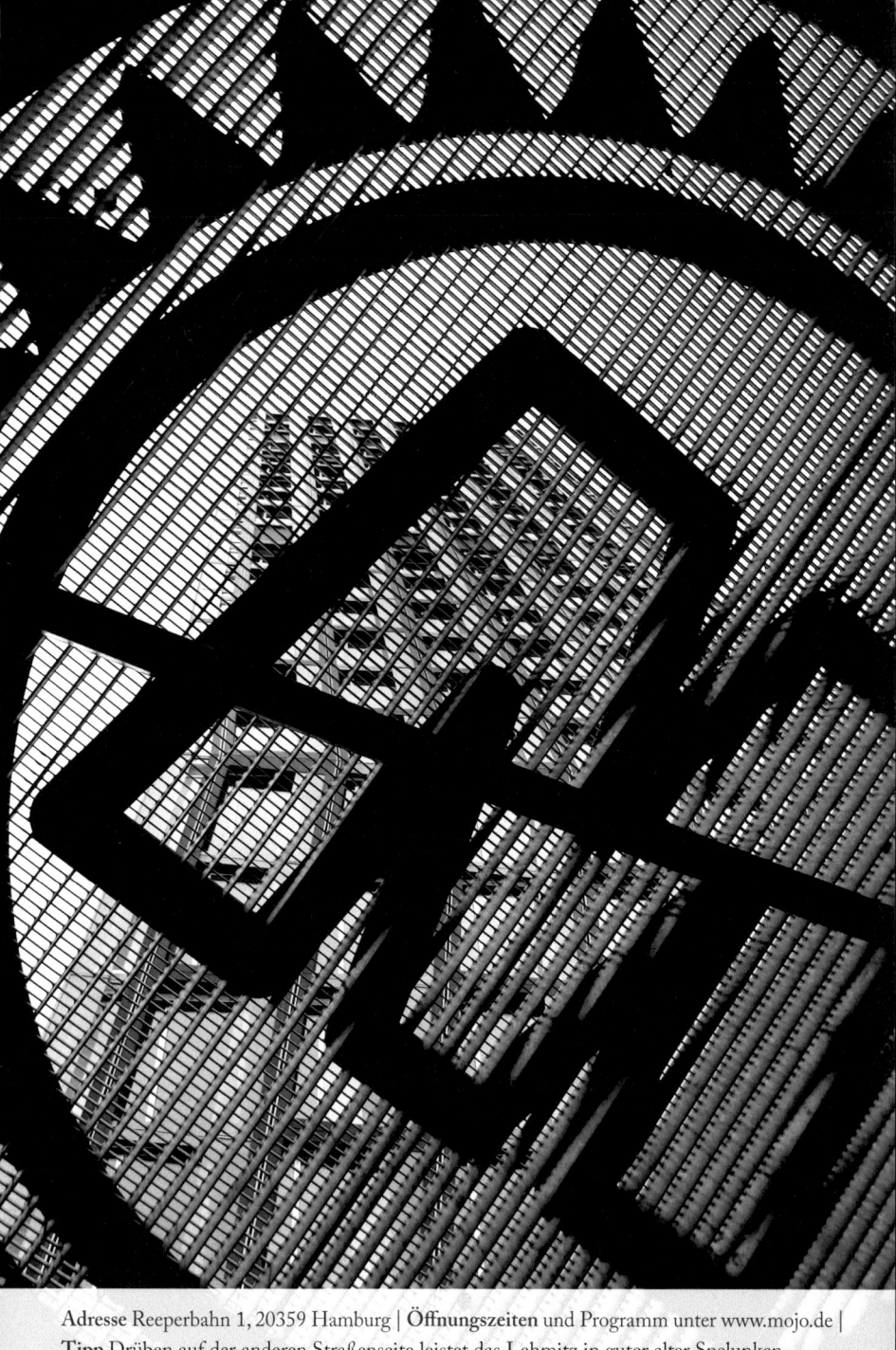

Adresse Reeperbahn 1, 20359 Hamburg | **Öffnungszeiten** und Programm unter www.mojo.de | **Tipp** Drüben auf der anderen Straßenseite leistet das Lehmitz in guter alter Spelunken-tradition und mit einem 40 Meter langen Tresen Widerstand gegen Ballermann-Beliebigkeit.

83__Die RICKMER RICKMERS

Alle Mann an Bord. Frauen und Kinder zuerst.

Ick heff dusendmol een Dreemaster sehn. Dieses Lied können wohl alle Hamburger singen. Seit 1987 gehört die RICKMER RICKMERS so selbstverständlich zum Hafenpanorama, dass man glatt vergessen könnte, sie hin und wieder zu besuchen. Aber das wäre ein schwerer Fehler. Denn auch wenn der majestätische Windjammer die Weltmeere längst gegen einen festen Liegeplatz am Fiete-Schmidt-Anleger getauscht hat, ist er für Stillstand noch immer nicht zu haben. Kein Wunder bei seinem wild bewegten Lebenslauf.

Frachtensegler. Schulschiff. Abgetakelte Bark. Die RICKMER RICKMERS war schon vieles, seit sie 1896 in Bremerhaven vom Stapel lief. Also nix wie unter Deck. Dort setzt seit 2019 eine Ausstellung die Abenteuer von Hamburgs schwimmendem Wahrzeichen ganz neu in Szene. Interaktive Elemente machen die Seefahrt im Wortsinn begreifbar und liefern spannendes Insiderwissen. So kann man erfahren, was es mit der Schietgäng auf sich hat. Und hinterher die Poop suchen. Denn das ist auch so eine Besonderheit des Museumsschiffs. Berührungsängste kennt man hier nicht. Vom Maschinenraum bis zu den eleganten Offizierskabinen – beinahe jeder Winkel darf auf eigene Faust erkundet werden. Die Stiftung, in deren Eigentum sich das Schiff befindet, gibt sich offen wie das Tor zur Welt. So stellt sie etwa Künstlern eine der außergewöhnlichsten Galerien der Stadt zur Verfügung.

Tief im Bauch der RICKMER RICKMERS, weit unter der Wasserlinie, wandeln die Besucher auf Stegen direkt über die genietete Außenhaut des stählernen Seglers. Bekanntheit ist kein Auswahlkriterium, um hier ausstellen zu dürfen. Der Bezug zu Hamburg allerdings Grundbedingung. Das Maritime harmoniert so schön mit der speziellen Hängung, die die Werke ganz sacht schaukeln lässt. Da stellt sich dieser wiegende Schritt ein, der Seeleuten eigen ist. Und beim anschließenden Deckspaziergang singt der Wind »to my hooday«.

Adresse Landungsbrücken, Ponton 1a, 20359 Hamburg | **Öffnungszeiten** täglich 10–18 Uhr | **Tipp** Vom Live-Escape-Game in den Tiefen des Schiffs bis zur Kletterpartie hoch in die Wanten – die RICKMER RICKMERS ist Gastgeberin für die erstaunlichsten Abenteuer (www.rickmer-rickmers.de).

84 Das Sankt Pauli Museum
Die Heimatkünstler

Die üppigen Beautys des Plakatmalers Erwin Ross sind so sehr mit dem Bild von St. Pauli verwoben, dass man ihr sukzessives Verschwinden aus dem Straßenbild glatt verpassen konnte. Gerade waren die Pin-ups des Rubens der Reeperbahn doch noch an jeder Ecke zu finden, schmückten Striptease-Bars, Dombuden und Tanzlokale. Und plötzlich fallen einem spontan nur noch die gespreizten Beine der Ritze ein, wenn man im Gedächtnis nach einem echten Ross kramt.

St. Pauli verändert sich in atemberaubender Geschwindigkeit. Manchmal zu schnell, als dass innere Bilder mit äußeren Ansichten Schritt halten könnten. Günter Zint erkannte das schon Anfang der 80er Jahre. Bereits damals wünschte er sich einen Ort, der jedenfalls einen Teil der Geschichte und Geschichten bewahrt. Längst gehört der Fotojournalist selbst zu den ikonischen Künstlern des Viertels. Seine Musikerporträts aus den wilden 60ern haben die öffentliche Wahrnehmung ebenso beeinflusst wie die Alltagsszenen vom Kiez aus mittlerweile fünf Jahrzehnten.

1991 eröffnete Zint, der sich als Gebrauchsfotograf und Dokumentarist beschreibt, das erste Sankt Pauli Museum. Es brauchte viele Jahre, diverse Umzüge und einen langen Atem, bis endlich der heutige Standort gefunden und das Projekt halbwegs finanziell gesichert war. Inzwischen betreibt ein gemeinnütziger Verein das kleine, feine Museum, das am Wochenende bis weit in die Nacht geöffnet hat.

Wer es möglich machen kann, ist gut beraten, am Tage zu kommen. Dann kann man in aller Ruhe und mit einem Drink in der Hand von Sofa zu Sofa schlendern, wahlweise von alten Zeiten träumen oder sich mit aktuellen Entwicklungen und der näheren Zukunft des Viertels befassen.

Auf gar keinen Fall entgehen lassen sollte man sich einen Besuch des Kabinetts. Die vom Hamburger Künstler Olav Wittenberg gestalteten Toiletten allein sind schon den Heiermann Eintritt wert.

Adresse Davidstraße 17, 20359 Hamburg | **Öffnungszeiten** Mo–Mi 11–18 Uhr, Do
11–21 Uhr, Fr 11–23 Uhr, Sa 10–23 Uhr, So 10–18 Uhr | **Tipp** Der Mini-Grill in der
Clemens-Schultz-Straße 79 verzichtet grundsätzlich auf Konservierungsstoffe. Die Werke
vom Freund des Hauses Erwin Ross bewahren sie aber doch lieber hinter Glas.

85 Die Schaugewächshäuser

Im Alten Botanischen Garten

Einst konnten Aale von der Elbe über Planten un Blomen in die Alster wandern. Vom Stintfang zog sich der Stadtgraben entlang der Wallanlagen bis zur City. Er ging verloren, als der Wall zurückgebaut und in einen Landschaftsgarten umgewandelt wurde. Ein kleiner Rest ist aber bis heute geblieben – das Gewässer vor den Schaugewächshäusern.

Es war schon 1821 ein Hingucker, als Prof. Dr. Johann Georg Christian Lehmann zwischen Dammtor und Jungiusstraße den Alten Botanischen Garten anlegen ließ. Die zunächst privat betriebene Anlage entwickelte sich schnell zu einer führenden wissenschaftlichen Institution und einem beliebten Naherholungsgebiet. Zwar waren Hunde, Kinderwagen und das Sitzen auf Rasenflächen verboten. Auch war es nicht gestattet, »daselbst Taback zu rauchen«. Aber immerhin konnten Interessierte »zu jeder Zeit und ohne Einlaßkarte den Garten besuchen, wenn sie sich dieserwegen bey dem botanischen Gärtner Herrn Inspector Ohlendorff melden«. Das Inspektorenhaus mit kleinem Hörsaal und massenhaft Gewächshäusern befand sich oberhalb des Gewässers. Die Gebäude wurden im Zweiten Weltkrieg zerstört.

Im Rahmen der Internationalen Gartenausstellung 1963 entstanden die heutigen Schaugewächshäuser. Sie stehen ebenso unter Denkmalschutz wie die vorgelagerten Mittelmeerterrassen aus geschichtetem Schiefer. Der speichert noch den geringsten Sonnenstrahl. Ein ideales Umfeld für südländische Pflanzen und verfrorene Seelen. Wer es noch wärmer braucht, muss ins Tropenhaus. Die bis zu 13 Meter hohe Glaskonstruktion kommt im Inneren ohne tragende Elemente aus. Ein Rundgang führt durch fünf unterschiedlich temperierte Häuser. Es geht vom Regenwald über urzeitliche Pflanzenwelten in die Subtropen, vom Farnhaus in die Wüste. Die Schaugewächshäuser werden von der Universität Hamburg betreut. Der eigentliche Botanische Garten zog 1973 nach Klein Flottbek.

Adresse Schaugewächshäuser Planten un Blomen | **Öffnungszeiten** März–Okt. Mo–Fr 9–16.45 Uhr, Sa, So und feiertags 10–17.45 Uhr, Nov.–Feb. Mo–Fr 9–15.45 Uhr, Sa, So und feiertags 10–15.45 Uhr | **Tipp** Der Botanische Verein zu Hamburg e. V. hat auf dem Gelände des Alten Botanischen Gartens elf Entdeckerstationen eingerichtet (Infoflyer über www.botanischerverein.de).

86 Das Scheddach

Das sah so schieddig aus

Scheddach klingt plattdeutsch, ist aber die eingedeutschte Bezeichnung für ein Sägezahndach und ein Grund, warum die alte Rindermarkthalle überhaupt noch steht. Als der Kampf um ihren Erhalt begann, musste man schon Experte sein, um die Halle als Baudenkmal einzustufen.

40 Jahre lang war hier ein schrabbeliger Mega-Supermarkt nach dem anderen gescheitert. Jede Handelskette hatte für weitere entstellende An- und Umbauten gesorgt und den Rest marode werden lassen. Am Ende war das Gebäude ein einziger Schandfleck mit billigen Blechfassaden und Plastikfenstern. Und es regnete durch das bemerkenswerte Scheddach.

Wäre es nach dem damaligen Amtsleiter des Bezirks Mitte gegangen, hätte man den ganzen Kram 2010 abgerissen und an gleicher Stelle eine Veranstaltungshalle für mehrere tausend Menschen errichtet. Dagegen liefen Anwohner und Initiativen Sturm, bedrohten den Amtsleiter gar mit Wasserspritzpistolen. So kam es am Ende zur Sanierung. Aufwendig und teilweise in Handarbeit wurde die ursprüngliche Schönheit wieder freigelegt. Bei ihrer Erbauung 1950 galt die Rindermarkthalle als größte freitragende Stahlbauhalle Europas. Auf einer riesigen Fläche konnten 2.500 Rinder und 3.000 Schafe gleichzeitig zum Verkauf angeboten werden.

Heute sprechen die Betreiber vom ersten überdachten Wochenmarkt Hamburgs, so als würde es den ehrwürdigen Isemarkt nicht geben. Für Gegner handelt es sich bei der neuen Rindermarkthalle doch wieder nur um ein reines Einkaufszentrum. Eines, wie man es in Dutzenden Städten findet: überdimensioniert und ausschließlich auf Konsum ausgerichtet. Mit neutralem Blick kann man von einem guten Angebot für den täglichen Bedarf sprechen. Der eigentliche Gewinn besteht im Erhalt des Gebäudes. Das wegweisende lichte Scheddach lässt sich von der Parkebene bewundern. Hier finden sich außerdem großformatige, historische Luftaufnahmen des Geländes.

Adresse Neuer Kamp 31, 20359 Hamburg | **Öffnungszeiten** Mo–Sa 8–21 Uhr | **Tipp**
Dem sozialen Garten Keimzelle wurde Platz auf dem Areal versprochen – aber nie
eingeräumt. Er befindet sich noch immer in Warteposition auf dem Ölmühlenplatz (wo
es ohnehin lauschiger ist).

87__Die Schilleroper

Der letzte Zirkusbau

In den 1890er Jahren manifestierte sich der Aufstieg der Familie Busch zur Zirkus-Dynastie in vier festen Bauten im Stil des Fin de Siècle. Das prächtigste Gebäude befand sich in Berlin. Es wurde 1937 von den Nazis abgerissen. Die Bauten in Wien und Breslau fielen dem Zweiten Weltkrieg zum Opfer. Einzig das Hamburger Haus, die Urzelle des Busch-Imperiums, überlebte.

Das 1891 erbaute, 1905 zunächst zum Schiller-Theater und dann zur gleichnamigen Oper umgebaute Gebäude wurde zwar von einer Brandbombe getroffen. Größere Schäden rühren jedoch von der militärischen Nutzung als Autowerkstatt und Lager für 700 italienische Kriegsgefangene.

Nach dem Krieg zogen zunächst Artistinnen, Tänzerinnen, Verkäuferinnen und so weiter ins »Hotel Schiller-Oper«, später »Gastarbeiter«. In den 1990ern hausten bis zu 100 Asylsuchende unter erbärmlichen Bedingungen in den Anbauten, während das Foyer ein Szenerestaurant beherbergte. Das Geschacher um den letzten Zirkusbau des 19. Jahrhunderts nahm derweil skurrile Züge an.

Über Jahrzehnte versuchten wechselnde Eigentümer, der Schilleroper wieder Leben einzuhauchen. Die Stadt aber favorisierte den Abriss. Bis ab einem gewissen Punkt die Eigentümerseite den Abriss der aus ihrer Sicht nun nicht mehr erhaltenswerten Ruine forderte, während Behörden jetzt für die Rettung eintraten. Sie hielten die Schilleroper plötzlich doch für ein sanierungsfähiges, einzigartiges Kulturdenkmal.

Einmal noch flackerte ein kulturelles Feuerwerk auf. Ab 2003 gab es in der Schilleroper Livemusik, Tanzveranstaltungen, Lesungen und sogar wieder Oper. 2006 ging das Licht endgültig aus.

Seit 2012 ist der Stahlskelettbau mit Rotunde und Laterne unter Denkmalschutz gestellt – verfällt aber zusehends. Wie das angehen kann und was werden wird, weiß mal wieder keiner. Nur eins steht fest: Solange die dicke Frau singt, ist die Vorstellung nicht vorbei.

Adresse Bei der Schilleroper 14/16/20, 22767 Hamburg | **Öffnungszeiten** nur von außen | **Tipp** Die Apotheke am Neuen Pferdemarkt 12 war schon da, als »Hagenbecks Thierpark« nebenan logierte. Mit ihrem Gründungsjahr 1825 gehört sie zu den ältesten Apotheken Hamburgs.

88 Das Schulterblatt

Wir müssen noch mal über die Schanze reden

Seit 2008 ist es amtlich. Das Schanzenviertel gehört nicht zu St. Pauli. Dass es einmal anders war, ist an dem markanten Gründerzeitbau Ecke Schanzenstraße/Schulterblatt zu erkennen, dessen Fassadenschmuck die Wappen von Hamburg und Altona zeigt. Er erinnert an den Grenzvergleich von 1739, der endgültig klären sollte, wer die Gegend »Bey dem Schulter Blat« für sich beanspruchen durfte.

Darüber war es immer wieder zu Streitigkeiten gekommen. Und noch immer ist die Landstraße nach Eimsbüttel heiß umkämpft. Wer dem Schulterblatt folgt, entdeckt in den Boden eingelassene Grenzsteine. Auf der Piazza verweist unterschiedliche Pflasterung auf die ehemalige Zugehörigkeit zu Dänemark beziehungsweise St. Pauli. Bis heute liegt die 800 Meter lange Straße, die ihren Namen einem Wirtshausschild in Form eines Wal-Schulterblatts verdankt, in drei Stadtteilen.

Seit »die Schanze« selbst zum Stadtteil erklärt wurde, also nicht mehr zu St. Pauli gehört, hat sie sich erstaunlich schnell eine eigene Identität zugelegt. Ein bisschen wie die kleine, hübschere Schwester, die in bessere Kreise geheiratet und mit der man sich nicht mehr viel zu sagen hat. So etwas kommt in den besten Familien vor.

Selbst bei Hanseaten wie den Mutzenbechers. Während Spross Hermann um 1900 die Versicherung Albingia gründete, stieg Theodor mit dem Gesellschafts- und Concerthaus Flora ins Nachtleben ein. Das heutige autonome Zentrum Rote Flora befand sich damals auf sankt-paulianischem Boden. Noch immer ist sie der Ort, an dem das Schanzenviertel seine heißblütige Herkunft nicht verbergen kann.

Wem gehört das Schulterblatt? Darüber streiten Investoren mit Stadtentwicklern, Neuzugezogene mit Alteingesessenen, beide mit dem Partyvolk oder – wie beim G-20-Gipfel 2017 – jeder mit jedem. Falls man zwischen die Fronten gerät, nimmt man es am besten gelassen – und einen Drink in der Daniela Bar.

Adresse Schulterblatt bis Achidi-John-Platz 1, 20357 Hamburg | **Tipp** Das namensgebende Wal-Schulterblatt ist im Museum für Hamburgische Geschichte zu bewundern.

89 Senator Watrin

Labyrinth der Eigentümlichkeit

Wem das Warenangebot im Karolinenviertel allmählich zu schick oder niedlich wird, der kann immer noch bei Senator Watrin stöbern. Man mag über den Exzentriker aus der Marktstraße vieles denken, aber nun garantiert nicht, dass er sich um Moden oder Instagram-tauglichkeit in irgendeiner Weise schert.

Meist schert er sich nicht einmal drum, wenn neue Laufkundschaft in sein Kellerlokal stolpert. Dafür ist er zu unfreundlich. Sagt Stephan Watrin selbst. Stammkunden sehen es zwar anders, aber unterm Strich kann man den gebürtigen Kölner tatsächlich nicht als rheinische Frohnatur beschreiben. Meistens bleibt er in seinem Sessel sitzen, lesend und vor den Blicken neuer Kunden verborgen.

Die müssen sich sowieso erst einmal die Augen reiben, sich einen Moment sammeln – angesichts der sehr engen, zugestellten Räumlichkeiten voller Zeugs. Altes Spielzeug und Werbeschilder aus Emaille, Geweihe und Tierskelette, verblichene Schulwandbilder und anderes Lehrmaterial, Druckerkästen aus vergangenen Zeiten, Trödel, Schätzchen, Unsinn und jede Menge mit Kupferdraht umwickelte Objekte, von denen einige blinken wie Weihnachtsbäume und andere ganz schön morbide wirken. »Trash-Kunst« nennt Stephan Watrin diese Arbeiten. Er verwendet am liebsten Sachen, die ihre Zeit der aktiven Nutzung hinter sich haben. Beschädigte Bakelit-Puppen, Zigarettenstummel, rostige Nägel, altes Holz, Knochen.

Alles Schrott, würden manche sagen. Symbole der Leblosigkeit, sagt der Senator. Er hat eine Vorliebe für den Tod und Dinge, die anderen Menschen unerwünscht scheinen. Falls doch einmal jemand etwas haben möchte: Alles in dem eigenartigen Labyrinth aus Kuriositäten ist käuflich. Handeln ist allerdings nicht angesagt. Auch das Berühren einiger Verkaufsstücke ist strengstens verboten. »Finger weg, sonst Hand ab«, warnt ein Zettel. Beschwert von einer überdimensionalen Schere.

Adresse Marktstraße 29, 20357 Hamburg | **Öffnungszeiten** Mo–Sa 11–20 Uhr, So 12–19 Uhr | **Tipp** Auch vergänglich, aber von ganz und gar anderer Art sind die Kunstwerke des Blumenladens Saxifraga in der Glashüttenstraße 100.

90__Der Silbersack

A most wanted bar

Die mit Hamburger Großpflaster belegte Silbersackstraße verdankt ihren Namen einem gewissen Herrn Silversack. Der hatte hier einst Grund und Boden gekauft. 1644 oder 1697. Die Quellen sind da nicht einig.

Fest steht hingegen, dass Friedrich und Erna Thomsen ebenhier 1949 den Silbersack eröffneten. Anfangs war es nur eine Bretterbude. Die hellgelben Fassadenfliesen, die Leuchtreklame auf dem Dach, Holzfurnier und Resopal, Wandmalereien und Musikbox, das alles kam später, so nach und nach. Das Geschäft aber brummte von Anfang an. Die Leute wollten sich amüsieren in den Nachkriegsjahren. Und dass man im Silbersack Hans Albers treffen konnte, Curd Jürgens, Gert Fröbe, Heinz Rühmann und Hildegard Knef, war auch nicht gerade geschäftsschädigend.

Als Friedrich Thomsen 1958 starb, war Erna Thomsen 34 Jahre alt und hatte drei Kinder zu versorgen. Den Silbersack führte sie trotzdem weiter. 63 Jahre insgesamt. Keine Generation, die bei Erna nicht gefeiert hätte. Kein Promi, der sie nicht schätzte.

Nach Erna Thomsens Tod 2012 sah es eine schreckliche Weile so aus, als wäre auch das Ende des Silbersacks gekommen. Doch dann geschah etwas Ungewöhnliches: 18 Unternehmer, darunter auch solche, die als Spekulanten gelten, kauften gemeinsam das Lokal. Nicht um Reibach zu machen, sondern um es an einen zu verpachten, der als Ernas Ziehsohn galt.

Das Unprätentiöse hat Dominik Großefeld mit ihr gemeinsam. Als gleich im ersten Monat ein Filmteam anrückte, konzentrierte er sich darauf, den normalen Betrieb trotz Dreharbeiten aufrechtzuerhalten. Dass er derweil einem der bedeutendsten Charakterdarsteller Hollywoods zusah, wusste Großefeld zunächst nicht einmal. Es war Philip Seymour Hoffman in seiner letzten Hauptrolle als Günther Bachmann in »A Most Wanted Man«. Der Weltstar verstarb 2014. Der Silbersack hingegen lebt.

Adresse Silbersackstraße 9, 20359 Hamburg | **Öffnungszeiten** Mo–Mi 17–3 Uhr, Do 17–4 Uhr, Fr, Sa 15–5 Uhr, So 17–1 Uhr | **Tipp** Das kleine Restaurant Hidden Kitchen in der Friedrichstraße 3 ist mit Blanko-Brot für kreative Selbstbeleger über wilde Salatmischungen bis zu BBQ-Gerichten ein echtes Hidden Gem.

91__Das St. Pauli-Archiv

Ein Laden mit Geschichte(n)

Um St. Paulis Vielfalt zu erfassen, braucht es mehr als 111 Orte. Oder einen. Er liegt in der Paul-Roosen-Straße und kann als das Gedächtnis des Viertels beschrieben werden. In einem kleinen Ladenlokal wird beinahe jedes Buch, jeder Zeitungsschnipsel, jede wissenschaftliche Arbeit, alle Pläne, sogar Flugblätter, also alles, was je über St. Pauli gedruckt wurde, gesammelt, geordnet, digitalisiert und für die Allgemeinheit bewahrt. Der Bestand ist gewaltig.

2004 hat das St. Pauli-Archiv einmal nachgezählt. Da waren es allein 1.800 Bücher. Inzwischen sind es einige hundert mehr. Die Presseartikel übersteigen diese Zahl noch erheblich. Hinzu kommen aktuelle und historische Fotos und Postkarten. Das alles darf eingesehen, vieles auch ausgeliehen, manches kann sogar erworben werden. Etwa die eigenen Publikationen. Im St. Pauli-Archiv steht nicht nur das Bewahren der Geschichte auf der Agenda. Auch Forschung und Vermittlung hat sich das Team um Gunhild Ohl-Hinz auf die Fahnen geschrieben. Abgesehen von ihrer 15-Stunden-Stelle läuft jeder Handschlag ehrenamtlich.

Die Fördergelder der Stadt reichen gerade einmal so für Miete und Betriebskosten. Die inhaltliche Arbeit erfordert also viel persönliches Engagement von dem knappen Dutzend Ehrenamtler. Zumal die angebotenen Rundgänge, Vorträge und Ausstellungen einen gewissen Anspruch haben und tiefer als die übliche Legendenbildung gehen.

Es sind die vermeintlich weniger spektakulären Ereignisse, für die sich das St. Pauli-Archiv interessiert. Die Alltagserlebnisse von Zeitzeuginnen und Zeitzeugen nehmen einen Ehrenplatz ein.

Anwohner und ehemalige St. Paulianer sind herzlich eingeladen, ihre Geschichte zu erzählen – bei Erzählcafés, während der offiziellen Öffnungszeiten oder einfach auch nur mal so, wenn gerade jemand vor Ort ist. »Oral History« nennt das die Geschichtsschreibung. Auf St. Pauli sagt man: schnacken.

Adresse Paul-Roosen-Straße 30, 22767 Hamburg | **Öffnungszeiten** Mo 17–19 Uhr oder nach Vereinbarung, Veranstaltungen unter www.st-pauli-archiv.de | **Tipp** Keinen Späti, sondern einen echten Kiosk mit großem Angebot an Druckerzeugnissen betreibt Zeynep Demir in der Paul-Roosen-Straße 20.

92 Die St. Pauli Kirche

Bei den bürgernahen Pastoren

Der Kirchhof auf dem Pinnasberg galt in den 90er Jahren als Ort von Prostitution und Drogenhandel. Heute ist er eine grüne Oase mit Boulebahn und Anwohnergärten. Sogar in den lautesten Sommernächten findet man unter den alten Linden Ruhe. Das ist heute genauso wohltuend und wichtig wie 1833, als der Hamburger Berg unter städtische Verwaltung gestellt und nach der Kirche in der Vorstadt St. Pauli umbenannt wurde.

Der sakrale Bau mit Elbblick war erst wenige Jahre zuvor von Carl Ludwig Wimmel errichtet worden. Er ersetzte eine kleine Fachwerkkapelle aus dem 17. Jahrhundert, die die Franzosenzeit nicht überstanden hatte. Kurios: Seit die Nazis die Bezirke den NSDAP-Distrikten unterordneten, liegt die Kirche in Altona. Die Gemeinde allerdings erstreckt sich laut szenigem Logo über »Kiez, Karo und Schanze«.

Besucher erwartet ein heller, schlichter Emporensaal. Er entspricht mit klaren Proportionen und Tonnengewölbe den Idealen des Klassizismus. Ein ganz normales Kirchenschiff, denkt man auf den ersten Blick, in einer ganz normalen Gemeinde. Nur dass der Fußboden aus alten Planken besteht und die Kirchenstille hin und wieder von Schiffssirenen durchbrochen wird. Mag auch sein, dass während des Gottesdienstes eine Alkoholfahne herüberweht und einer mit Reibeisenstimme seinen Nebenmann fragt: »Wolln wir ma eine rauchen?«

Das bringt Martin Paulekun und Sieghard Wilm garantiert nicht aus der Ruhe. Nur wenige kennen die Härten des Stadtteils so gut wie die Pastoren. Ihre Arbeit ist von großer Offenheit und sozialem Engagement geprägt. Es durchzieht die im besten Sinne erbaulich zu nennenden Predigten noch in der letzten Zeile. Wer keinen Gottesdienst besuchen mag, kann die Kirche auch im Rahmen von Theateraufführungen, Modenschauen und Musikveranstaltungen kennenlernen. Selbst das Reeperbahn Festival ist regelmäßig zu Gast.

Adresse Pinnasberg 80, 20359 Hamburg | **Tipp** Die Balduintreppe unterhalb der legendären Kneipe Onkel Otto in der Bernhard-Nocht-Straße 16 scheidet nicht nur Altona von St. Pauli, sondern auch die Geister.

93 Das St. Pauli Office

Unter Quartiersleuten

Ein jeder Stadtteil will korrekt verwaltet werden. Das Kontor von St. Pauli schmiegt sich in eine Rundung an der Wohlwillstraße/Clemens-Schultz-Straße und punktet mit freundlicher Belegschaft im Innen- wie Außendienst. Hier kann man Souvenirs erstehen sowie Karten für die kleineren der feineren Konzerte und Regenschirme für drei Euro. Prima Sache, wenn man sich zu einer zweistündigen Tour durchs Quartier aufmacht und das Wetter mal wieder zu wünschen übrig lässt.

Als Bürovorsteher Henning das Office 2006 – zunächst Beim Grünen Jäger – eröffnete, war das Geschäft mit den Stadtteilrundgängen nur Zubrot. Einige Jahre später hatte es sich zum Big Business entwickelt. Nicht nur im St. Pauli Office. Sondern auf dem gesamten Kiez.

Wer sich hinter die Kulissen der Reeperbahn führen lassen möchte, ins Rotlicht, Rampenlicht oder düstere Ecken, kann über mangelndes Angebot gewiss nicht klagen. Zur Auswahl stehen Comedy-Touren, Nachtwächter-Touren, Huren-Touren, Promi-Touren, private Touren, Beatles-Touren, Krimi-Touren, Architektur-Touren, historische Touren und so weiter. Laut Henning hat jede ihre Berechtigung. Wichtig ist nur, man wählt die Tour, die zu einem passt.

Bei Hennings Crew ist richtig, wer das Viertel aus Sicht der Anwohner erleben möchte. Alle Guides des St. Pauli Office leben in der Nachbarschaft und lieben die typische Mischung aus dörflichem Charakter und Weltoffenheit. Darum finden die großen Mythen und Erzählungen in den Führungen ebenso Platz wie die Knallpunkte, an denen Welten und Werte aufeinanderkrachen, und die kleinen Nischen abseits der Touristenströme. Dabei achten die Guides darauf, die Einwohner nicht übermäßig zu nerven. Zum Beispiel werden keine Mikrofone eingesetzt, keine Bürgersteige blockiert und die Gruppen auf maximal 20 Teilnehmer begrenzt. Die Nachbarschaft dankt es und meldet sich – zum ermäßigten Preis – gleich selbst an.

Adresse Wohlwillstraße 1, 20359 Hamburg | **Öffnungszeiten** Mo–Sa 10–19 Uhr, Touren und Themen unter www.sanktpaulioffice.de | **Tipp** Jährlich gibt das St. Pauli Office den St. Pauli Planer heraus, eine Faltkarte mit Stadtplan und Lieblingsspots für Kiez, Karo und Schanze. Kostenlos im Office.

94 Das St. Pauli Theater

Ehemals Ernst Drucker Theater

Nicht umsonst drehten die Toten Hosen im Zuschauerraum des St. Pauli Theaters das Video zu ihrem Song »Paradies«. Der Saal ist einer der prunkvollsten Orte auf dem Kiez, beinahe 60 Jahre älter als seine Fassade, die auch schon weit über 100 Spielzeiten auf dem Buckel hat. Als eines der wenigen Gebäude am Spielbudenplatz hat es nicht nur den Zweiten Weltkrieg überstanden, sondern auch die Abrisswut im Wirtschaftswunderland und den Verfall der Folgejahrzehnte.

Darauf hätte bei Eröffnung des ersten Theaters von St. Pauli nicht jedermann gewettet. Einen mieseren Zeitpunkt als 1841 hätte es nämlich gar nicht geben können. Nicht nur, dass das Publikum spätestens um 22 Uhr durchs Millerntor in die Stadt zurückschlüpfen musste, wollte es nicht vor den Toren übernachten. Im Jahr darauf zerstörte auch noch der Große Brand mehr als ein Viertel von Hamburg. Und die Leute hatten folglich andere Sorgen als Amüsement. Bald war das als Urania-Theater eröffnete Haus hoch verschuldet.

Heute gilt die Spielstätte neben der Davidwache als ältestes Privattheater Deutschlands. Sein Überdauern sicherten Theatermacher, die über Generationen austarierten, wie weit die Muse in einem Rotlichtviertel gehen kann. Am Anfang stand Ernst Drucker, der das Theater 1884 kaufte. Neben volkstümlichen Komödien zeigte er anspruchsvolle zeitgenössische Stücke von Hauptmann oder Ibsen und ergänzte den Spielplan durch Revuen, die zwar lokalen Bezug aufwiesen, aber nie ins Provinzielle abglitten. Die Nazis radierten seinen Namen später aus, weil er Jude war.

Dank Thomas Collien und Ulrich Waller firmiert es heute wieder mit dem Zusatz »ehemals Ernst Drucker Theater«. Collien und Waller leiten es ganz nach Druckers Grundrezept und mit sehr feinem Gespür für den Kiez. Ob Hochkultur, Kabarett, Komödie oder Musikrevue, im St. Pauli Theater findet jeder sein Pläsierchen.

Adresse Spielbudenplatz 29–30, 20359 Hamburg | **Öffnungszeiten** Spielplan unter www.st-pauli-theater.de | **Tipp** Selbst eingefleischte St. Paulianer verlassen für den zweiten Geniestreich des Dream-Teams Collien/Waller ausnahmsweise ihr Viertel: Deutschlands ältestes Varieté, das traumschöne Hansa-Theater in St. Georg.

95 Straßen, die wie Frauen heißen

Spazieren für Großstadtflaneure

Ist ja alles so schön bunt hier, denkt man beim Einbiegen in die Annenstraße, beinahe ein bourgeoises Idyll. Die Vorgärten wirken gepflegt, die Fassaden der Stadthäuser sind vielfach frisch gestrichen, einige sogar preisgekrönt (Hausnummer 18–20). Und wenn auch nicht alles picobello ist, stemmen sich die Anwohner hier doch deutlicher gegen Unrat als anderswo. Dass sich mehrere Straßen auch noch mit weiblichen Vornamen schmücken, geht da direkt als Konzept durch. In Wahrheit ist es purer Einfallslosigkeit geschuldet.

Als St. Pauli in der zweiten Hälfte des 19. Jahrhunderts rasend schnell wuchs, mochte den Stadtvätern ab einem gewissen Punkt partout kein neuer Straßenname mehr einfallen. Nachdem sie am Hafenrand bereits beliebige männliche Vornamen in alphabetischer Reihenfolge vergeben hatten, kaprizierten sie sich nun auf die weiblichen. Das korrespondiert sehr schön mit den Jugendstilbauten am Paulinenplatz. Würden mehr SUVs über das Kopfsteinpflaster rollen, könnte man sich angesichts entspannter Alltagsgastronomie und viel Grün glatt in einem Nobelviertel wähnen. Tatsächlich war der Dreh schon immer eine beliebte Adresse bei respektablen Arbeiterfamilien, Kaufleuten, Künstlern, Lehrern, Ärzten und Anwälten. Also etwa der Klientel, die sich hier auch heute noch eine Wohnung leisten kann.

Die Brigittenstraße hinauf unterbricht die querende Binderstraße mit einfallslosem Sozialwohnungsbau die Wohlfühlatmosphäre. Die Straße, die von nun an Gilbertstraße heißt, findet aber rasch zum Zauber der Jahrhundertwende zurück. Bei allem großbürgerlichen Getue sprechen St. Paulianer die Gilbertstraße übrigens deutsch aus. Dabei ist sie nach Jean Gilbert benannt, der bürgerlich Max Winterfeld hieß und sich in die Herzen der Damenwelt komponierte – mit musikalischen Possen wie »Autoliebchen« oder »Blondinchen« oder »Puppchen, du bist mein Augenstern«.

96__Straßen, die wie Männer heißen

Bummel mit Gassenhauern

Es scheint nicht vollkommen unpassend, dass die zentralen Straßen von St. Liederlich männliche Vornamen tragen. Als eines der ersten Quartiere rappelte sich das Seemanns- und Vergnügungsviertel nach der Zerstörung durch Napoleons Truppen 1814 wieder auf. Die Bebauung zwischen Davidstraße und Hans-Albers-Platz (früher Wilhelms-Platz) ist von einfachen, schmucklosen Häusern mit niedrigen Zimmern und engen Treppen geprägt. Bereits 1830 wurden in dem kleinen Areal wieder 42 Bordelle gezählt, daneben unzählige Tanzdielen und Spelunken, in denen die Kontaktaufnahme mit Prostituierten erfolgte. Vor dem Lokal »Zu den vier Löwen« in der Davidstraße 8 befand sich ein Zaun, hinter dem sich die Damen des Gewerbes aufhalten durften, um mit potenziellen Kunden ins Gespräch zu kommen. Von Beginn an wurde das Bordellwesen staatlich reguliert. Die meisten Betriebe konzentrierten sich in der Heinrichstraße. Zur besseren Kontrolle versahen die Behörden die kleine Straße um 1900 mit Toren an beiden Enden. 1922 wurde käuflicher Sex verboten und die Straße in der Hoffnung auf einen »anständigen Neuanfang« in Herbertstraße umbenannt. Ein Versuch, der gründlich danebenging.

Nicht einmal mit Nazi-Methoden gelang es, das Straßenstrichverbot in der Herbertstraße durchzusetzen. Angeblich wurden die Sichtblenden 1934 angebracht, um dieses Scheitern zu verstecken. Erst seit 1974 sind weibliche Besucher unerwünscht. Es ist kein wirkliches Verbot, das wäre gesetzlich nicht möglich. Aber allein der Respekt den Sexarbeiterinnen gegenüber gebietet, sich an ihren Wunsch zu halten. Bis heute ist ihnen die Ansprache von der Westseite der Davidstraße bis zu einem Teil des Hans-Albers-Platzes erlaubt; allerdings nur von 20 bis 6 Uhr. Das ist eine Ausnahme auf dem Kiez. Während Prostitution in Hamburg nämlich grundsätzlich erlaubt ist, ist sie im Sperrgebiet St. Pauli grundsätzlich verboten.

Adresse einmal um den Pudding – Davidstraße, Erichstraße, Gerhardstraße, Friedrich-
straße, Hans-Albers-Platz, 20359 Hamburg | **Tipp** Zu den wenigen Frauen mit Zugangs-
recht in der Herbertstraße gehören die Wäsche-Feen. Die Reinigung in der Friedrichstraße
gilt als Garant (nicht nur) für weiße Westen.

97 Die Street Art School

Nicht für die Schule, sondern für die Straße lernen

Schulen haben ihren ganz eigenen Geruch. Der Duft der Street Art School steigt schon im Erdgeschoss in die Nase. Dabei sitzt die Lehranstalt zwei Etagen höher, hinter einer Glastür am Ende eines langen Flurs – und ist mit einer Filteranlage zum Absaugen von Sprühnebel ausgestattet.

Zweck des Vereins ist laut Satzung die »Förderung der Kunst und Kultur, Bildung und Erziehung, insbesondere bei Jugendlichen«. Aber grundsätzlich ist jeder willkommen, der sich ausprobieren, mit Künstlern austauschen oder Street-Art in allen Facetten kennenlernen möchte. Und darüber gibt es nicht gerade wenig zu lernen.

Street-Art bedient sich der unterschiedlichsten Techniken, Formen und Medien, ist viel mehr als Graffiti, umfasst Stencils, Paste-ups, Sticker, Kacheln, Arbeiten aus dem 3-D-Drucker, Installationen oder Häkelarbeiten. Fabelhafte Beispiele finden sich in der »Galerie« der Street Art School, die natürlich keine normale Galerie ist, sondern eine Wand auf dem Parkdeck der Rindermarkthalle.

Spätestens seit Banksys Schredderaktion weiß es ja jeder: Street-Art ist Kunst, die wegkann, geschaffen von Künstlern, die nicht das Rampenlicht suchen, und sie bewegt sich im öffentlichen Raum. Street-Art kann politisch oder gesellschaftskritisch sein. Manchmal ist sie aber auch bloß ein Vergnügen, das dem Tristen etwas Buntes entgegensetzt.

An einigen Künstlern kommt man auf St. Pauli längst nicht mehr vorbei. Wer erst einmal bewusst ein Werk von Lieb Sein, Push oder Marshal Arts wahrgenommen hat, entdeckt sie danach an jeder Ecke. Gerade Einsteigern öffnet daher ein Besuch der Street Art School einen ganz neuen Blickwinkel auf die Stadt.

Finanziert wird der gemeinnützige Verein durch Mitgliedsbeiträge und Spenden. Jeden ersten und dritten Sonnabend im Monat sind Besucher im Offenen Atelier willkommen. Weitere Termine, Workshops oder Rundgänge? Gern, nach Absprache.

Adresse In den Rindermarkthallen, Treppenhaus D, zweites OG, Neuer Kamp 31/Ecke Pferdemarkt, 20359 Hamburg, www.street-art-school.de | **Tipp** Gar kein Händchen, keine Ideen oder Zeit zur Wandgestaltung? Im Tapetenkeller in der Budapester Straße 51 reicht das Angebot von Originaltapeten aus den 50ern bis zu Pseudostuck.

98 Das Tanzschuhhaus

These Boots Are Made for Dancin'

Nächte kann man auf St. Pauli locker durchtanzen. Nicht aber die Qualitätsschuhe von Ingo Dick aus dem winzigen Tanzschuhhaus in der Talstraße. Die Sohlen aus Rauleder halten ewig, wenn man sie richtig pflegt. Herr Dick erklärt einer Kundin auch gleich, wie das geht und dass der Schuh das Wachs vom Parkett aufnimmt, sodass sie in ihnen nicht rutschen, sondern gleiten wird. Und dann lässt er sie in Ruhe durch die 80 vorrätigen Damenmodelle stöbern, während er sich dem Herrn zuwendet, der meint, er würde aus dem probierten Schuh »rausschlupfen«. »Tun Sie nicht«, sagt Herr Dick. »Da können Sie mir vertrauen.«

Vertrauen macht den Unterschied zu Onlinekaufhäusern. Und weil Tänzerinnen und Tänzer das wissen, hat das Fachgeschäft als einziges überlebt, während alle anderen Traditionsschuhhäuser verschwanden. Angefangen mit Paul Hundertmark, der ein halbes Jahrhundert als Synonym für Cowboystiefel galt. Über Blicker Modeschuhe, wo 76 Jahre lang ein unfassbares Angebot an schwindelerregenden High Heels lockte. Bis zu Schuh Messmer, Hamburgs ältestem Schuhgeschäft, das 1844 eröffnete und im August 2018 schloss.

Ganz so lange existiert das Tanzschuhhaus noch nicht. Aber immerhin befand sich an gleicher Stelle schon in der Vorkriegszeit die Schusterei mit Schuhgeschäft von W. O. Julius. Sein Nachfolger wandelte den Laden in ein reines Tanzschuhgeschäft um. Ingo Dick übernahm 2005. Eine kleine Umstellung bedeutete es schon, nachdem er Jahrzehnte einen Laden in Winterhude geführt hatte.

Klassischerweise finden seine Kunden nach dem zweiten Tanzkurs zu ihm. Standard, Latein, Tango, Salsa oder Jazz Dance – das braucht alles die richtige Haltung – und die wiederum hängt vom richtigen Schuh ab. Das Milieu kauft eher selten im Tanzschuhhaus ein. Höchstens, dass sich mal eine Dragqueen unsterblich in einen Frauenschuh verliebt. Dann hat Herr Dick auch Übergrößen vorrätig.

Adresse Talstraße 17, 20359 Hamburg | **Öffnungszeiten** Mo–Fr 14–18 Uhr, Sa 10–13 Uhr | **Tipp** Manches kann man nicht erklären. Etwa die Pide mit Ei und Schafs-käse in Deniz Imbiss in der Talstraße 27. Die muss man unbedingt selbst probieren.

99__Der Tatort

Serial Moms gute Stube

Es heißt, Frauen morden nicht im Ansatz so häufig wie Männer. Aber davon hatte die Hebamme Elisabeth Wiese offenbar nie gehört. Mitte der 1890er Jahre bezog sie mit Gatten Heinrich die Wohnung im ersten OG der damaligen Wilhelminenstraße.

Der Kesselflicker hatte sie trotz unehelicher Tochter genommen, war aber dem Schnaps zugetan und das Geld dementsprechend knapp. Zumal Elisabeth Wiese Berufsverbot erteilt worden war. Mehrfach hatte sie sich mit der Stricknadel als Engelmacherin betätigt. Da blieb bloß Tochter Paula als Alleinverdienerin.

Die Wiese bot sie auf dem »Inseratenstrich« an und hielt sie mit Gewalt gefügig. Als Paula schließlich die Kraft fand, nach London zu fliehen, musste die Rabenmutter sich etwas anderes ausdenken. Gegen Kostgeld nahm sie Babys lediger Frauen in Pflege. Als eine von ihnen ihr Kind zurücknehmen wollte, war es verschwunden. An eine reiche Familie im Ausland vermittelt, behauptete Elisabeth Wiese. Später, als die Polizei sich einschaltete, weil weitere Mütter mit ähnlichen Ausflüchten abgespeist worden waren, berichteten Nachbarn, die Wiese hätte regelmäßig den Ofen derart befeuert, dass die Herdplatten gesprungen seien. Dann sei ein strenger Geruch durchs Haus gezogen. Andere hatten sie nachts mit Paketen an die Elbe schleichen sehen – und mit nichts in Händen zurückkommen.

Wogen die Indizien auch schwer, nachweisen konnte man zunächst nichts. Es war am Ende die Aussage von Tochter Paula, die den Ausschlag gab. Sie war hochschwanger nach Hamburg zurückgekehrt. Als es bei der Niederkunft in einer Kellerwohnung in der Talstraße zu Komplikationen kam, rief jemand ihre Mutter hinzu; immerhin war sie Hebamme. Als Paula aus der Ohnmacht erwachte, hatte Elisabeth Wiese ihr eigenes Enkelkind bereits ertränkt und verbrannt.

Sie wurde am 2. Februar 1905 wegen Mordes an mindestens fünf Kindern mit dem Fallbeil hingerichtet.

Adresse Hein-Hoyer-Straße 23, 20359 Hamburg | **Tipp** Edgar Wallace, Alfred Hitchcock, Agatha Christie und andere übliche Verdächtige. Das Imperial Theater auf der Reeperbahn 5 ist die größte Krimibühne Deutschlands.

100 Der Tiefbunker

20.000 unter dem Asphalt

Bei der Umgestaltung des Spielbudenplatzes im Jahr 2007 wurden die letzten Relikte entfernt, die noch an die ursprüngliche Nutzung der heutigen Tiefgarage als Tiefbunker erinnerten. Weichen mussten etwa die Splitterschutzdächer über den ehemaligen Haupteingängen. Der vorm Operettenhaus dient heute als Einfahrt, die Ausfahrt liegt direkt vor der Davidwache. Ebendort war bis 2007 noch der Aufenthaltsraum der Polizisten erhalten geblieben. Aber nun ist alles weg, und es ist noch ein bisschen unvorstellbarer geworden, wie es unter dem Spielbudenplatz im Zweiten Weltkrieg bei Fliegeralarm zuging.

Den Bunker ließ Hitler im Rahmen des sogenannten Führer-Sofortprogramms errichten. Beim größten zweckgebundenen Bauprogramm aller Zeiten entstanden nirgends mehr Bunker als in Hamburg. Hochbunker. Tiefbunker. Röhrenbunker. U-Boot-Bunker. Rundbunker. Flaktürme. 1.051 Bunkeranlagen, von denen noch immer rund 650 existieren.

Einige Bunker waren als Mehrzweckanlagen gedacht und sollten nach dem Krieg anderen Bestimmungen zugeführt werden, der Tiefbunker etwa als Großgarage. Dem Konzept nach sollten nach dem Endsieg 430 Autos Platz finden. Bis es so weit wäre, sollten 5.000 Menschen Schutz finden können, also etwa elf Personen pro Parkplatz. Angesichts des Mangels an Schutzräumen suchten den 200 Meter langen und 21,4 Meter breiten Tiefbunker jedoch bis zu 20.000 Menschen auf. Dass die idyllischen Wandmalereien des Malers Hans Förster wie vorgesehen beruhigend auf die Menge wirkten, ist unwahrscheinlich. Bei Überbelegung konnte es zu Atemproblemen kommen. Die Luftzufuhr wurde über acht Schächte geregelt. Sie ragten am Rand des Spielbudenplatzes vier Meter in die Höhe und wurden auch als Litfaßsäulen genutzt. Hier befanden sich zudem acht Seiteneingänge mit Treppen. Zwei sind auf Höhe Taubenstraße noch erhalten. Sie wurden nach dem Krieg in öffentliche Toiletten umgewandelt.

Adresse Spielbudenplatz, 20359 Hamburg | **Tipp** Mal wieder Schietwetter angesagt? Wer seinen Schirm vergessen hat, findet im Treppenhaus zur Tiefgarage auf Höhe Taubenstraße einen Regenschirmautomaten.

101 Die U3

Die drei von der Dritten

Am 15. Februar 1912 ging mit der Hamburger Hochbahn die dritte Untergrundbahn des Deutschen Kaiserreichs in Betrieb. Planung und Vorarbeiten hatten bereits zwölf Jahre zuvor begonnen. Die 17,5 Kilometer lange Ringbahn mit ihren 23 Stationen war ein gewaltiges Verkehrsprojekt. Tunnel mussten gegraben, Wälle aufgeschüttet und stählerne Viadukte errichtet werden. Jeder Bahnhof der U3 galt als Prestigeobjekt, speziell auf die Umgebung zugeschnitten, durchdesignt von den Türklinken bis zur häufig prächtigen Außengestaltung. Vielfach wurde mit Sandstein und Marmor gearbeitet.

Untypisch fiel die Station Feldstraße mit ihren Holzbauten im norwegischen Stil aus. Die passten einfach besser zum ländlichen Ambiente des Heiligengeistfelds mit seiner pittoresken Windmühle. Das heutige Zugangsgebäude und der markante Uhrenturm entstanden erst 1954.

Gar nicht so sehr verändert hat sich hingegen die Station Millerntor. Sie wurde 1935 in »St. Pauli« umbenannt. Aber im schmiedeeisernen Gitter ist der alte Schriftzug noch erhalten. Denkt man sich die erdrückende Dachkonstruktion von 1997 weg, sieht der einstmals offene Laubengang aus Muschelkalk beinahe genauso aus wie zur Eröffnung 1912.

Auch die Station Landungsbrücken trug während der Bauphase einen anderen Namen und einen komplett anderen Look. Das Hafentor war ein imposantes Gebäude mit einem mächtigen Eingangsturm. Auf die Gestaltung wurde viel Mühe verwendet, um den Blick auf die Kersten-Miles-Brücke nicht zu zerstören. Umso bedauerlicher, dass der mächtige Bau 1959 im Zuge der Neugestaltung abgerissen wurde.

Andererseits interessieren sich die Passagiere ab den Landungsbrücken sowieso mehr für die Elbe. Denn hier tritt die U-Bahn aus dem Untergrund, und zumindest Hamburger sind ja überzeugt, dass es sich um die schönste U-Bahn-Strecke der Welt handelt.

Adresse Ausgangspunkt U 3 Feldstraße, 20359 Hamburg | **Tipp** Eine Runde mit der U 3 gilt als günstigste Stadtrundfahrt und dauert circa 45 Minuten. Wer gegen den Uhrzeigersinn fährt, sucht sich möglichst einen Platz auf der rechten Seite.

102 Udo Lindenbergs Stern

Reeperbahn, wenn ich dich heute so anseh …

1978 intonierte Udo Lindenberg zur Melodie von »Penny Lane« den Abgesang auf die Reeperbahn. Ein gutes Jahrzehnt später sang er wieder von der sündigsten Meile der Welt. Dieses Mal eine Hymne auf das Comeback der »alten Gangsterbraut«. Bis er sich dann kongenial neu erfand, brauchte es weitere 20 Jahre – und Lokalliebling Jan Delay, mit dem er das wunderbare Video »Reeperbahn« schuf.

Kein Künstler scheint enger mit dem ewigen Aufstieg und Niedergang der Amüsiermeile verbunden als der Panikrocker. Selbst sein Stern, ein Geschenk der Stadt zum 50. Geburtstag, erzählt davon. Als die einen Quadratmeter große Steinplatte ins Trottoir eingelassen wurde, lag sie noch vorm legendären Café Keese. In dem Traditionshaus baten Damen beim »Ball Paradox« mittels Tischtelefonen die Herren zum Tanz. Unerhört war das bei der Eröffnung im Nachkriegsdeutschland. 50 Jahre dauerte der Spaß, und angeblich stiftete das Café Keese 50.000 Ehen.

Heute liegt Udo Lindenbergs Stern von Systemgastronomie umringt, beschallt von Schlagern und Après-Ski-Hits. Was als Walk of Fame à la Hollywood gedacht war, wirkt nunmehr wie ein Walk of Shame am Ballermann. Die Reeperbahn ist zum Spielball von Investoren geworden. Es wird knallhart auf Feiertourismus gesetzt. Möglichst viel Umsatz mit möglichst wenig Einsatz, heißt die Devise. Kreativität oder gar Nostalgie haben da keinen Platz.

So ist auch von der kitschig-schönen Innenausstattung des Café Keese nichts geblieben. Die bekannte Fassadenmalerei wurde übertüncht. An immer mehr Ecken wirkt St. Pauli wieder wie eine »Kulisse für 'nen Film, der nicht mehr läuft«.

Ob Udo Lindenberg selbst die Balance zwischen wünschenswerter Erneuerung und Eventisierung gelingt, wird sich auf der anderen Seite des Spielbudenplatzes zeigen. Dort residiert er seit 2018 im Klubhaus St. Pauli mit dem Technik-, Kunst- und Kulturprojekt Panik City.

Adresse Reeperbahn 19–21, 20359 Hamburg | **Tipp** In Murphy's Irish Pub in der Friedrichstraße 24 spielt *seven days a week* Livemusik auf.

UDO LINDENBERG

103 Der Untersuchungsknast

Die Hölle von Hamburg

In den Straßen Holstenglacis und Bei den Kirchhöfen kann einen leicht das Gefühl überkommen, Außerirdische hätten die Menschheit ausgelöscht. An den meisten Tagen des Jahres liegt das Messegelände vollkommen verödet, und das Untersuchungsgefängnis direkt gegenüber ist auch nicht gerade ein Hort der Lebendigkeit. Interessanterweise gibt sich die Haftanstalt weniger abweisend als die Messe. Bei einer Umrundung stößt man wenigstens hier und da auf kleine Einladungen, sich mit der Geschichte des Gebäudes zu befassen. Gedenktafeln und Stolpersteine erinnern an Inhaftierungen, Kastrationen und Hinrichtungen von Menschen, die sich aus heutiger Sicht nichts hatten zuschulden kommen lassen. Im Gegenteil.

1877 bis 1881 erbaut, kam die Anstalt zur Zeit des Nationalsozialismus zu ihrem unrühmlichsten Kapitel. Sie war eine von elf zentralen Hinrichtungsstätten im Reich. Bis 1944 vollstreckte Scharfrichter Friedrich Hehr hier Todesurteile mit dem Fallbeil. Der Mann galt als einer der übelsten seiner Zunft. Zuständig für ganz Nord- und Ostdeutschland, wohnte Hehr in Hannover und pendelte, um zu morden. Allein in Hamburg wurden beinahe 500 Menschen enthauptet.

Unter ihnen waren viele Deserteure, aber auch WiderstandskämpferInnen. So wie Suzanne Masson und France Bloch-Sérazin, die der französischen Résistance angehörten, oder die als »Lübecker Märtyrer« bekannten Geistlichen. Johannes Prassek, Eduard Müller, Hermann Lange und Karl Friedrich Stellbrink hatten es gewagt, gegen das Regime Stellung zu beziehen.

Auch wenn heute Meinungsfreiheit herrscht, ist der Rundgang empfehlenswert. Es ist nämlich nicht unmöglich, dass man selbst einmal in dem panoptischen Bau landet. Anders als anderswo werden in Hamburg alle festgenommenen Personen zunächst in der Untersuchungshaftanstalt untergebracht. Sollte es sich um eine Verwechslung gehandelt haben, winken 25 Euro Entschädigung pro Tag.

Adresse Holstenglacis 3, 20355 Hamburg | **Tipp** Bessere Aussichten auf die Wallanlagen als das Gefängnis bietet das Park Café Schöne Aussichten am Gorch-Fock-Wall 4.

104__Das Verlies

Was Sie schon immer über SM wissen wollten

Von außen wirkt das Rotklinkergebäude in der Erichstraße denkbar unschuldig. Doch hinter der schwarzen Tür zieren vergitterte Spiegel gemauerte Wände, gruppieren sich schwere Ledersessel vor Bühnen mit Eisenkäfigen und Prangern, geht es durch schmale Gänge und Rundbögen zum Andreaskreuz oder Altarraum, führen steile Treppen in verschwiegene Kellerräume, ausgestattet mit Streckbänken und Flaschenzügen. 53 Personen könnten im legendärsten SM-Club Deutschlands gleichzeitig gefesselt werden, ohne dass man sich in die Quere käme.

Gegründet wurde der Club de Sade 1971 als Cabaret. Selbst zur großen Zeit der Erotik-Theater war Live-Sex nur unter dem Label der Kunst erlaubt – und SM alles andere als gesellschaftsfähig. Doch die Wünsche und Neigungen seien immer die gleichen gewesen, sagt Kiezlegende Kalle Schwensen. Es war seine Idee, das weitverzweigte Tunnelsystem im Rahmen von Führungen durch »Das Verlies« zugänglich zu machen. Manchmal schaut er persönlich vorbei, wenn Besucher staunend lauschen, was das Spiel mit Dominanz und Unterwerfung ausmacht. Es gibt wenig, das man sich im Club de Sade nicht antun lassen könnte. Im Grunde sind nur Endzeitlösungen und Langzeitverstümmelungen ein Tabu. Langzeitaufenthalte sind hingegen lediglich eine Frage des Budgets. Die Gunst einer Domina schlägt deutlich kräftiger zu Buche als eine zweistündige Führung durch »Das Verlies«.

Warum die Gäste des Club de Sade dennoch zahlreich und teils von weit her kommen, um ihre Phantasien auszuleben, hat mit der exklusiven Atmosphäre zu tun. Das Interieur orientiert sich streng an den erotischen Romanen des namensgebenden Marquis de Sade. Jede Gerätschaft ist in Handarbeit entstanden. Jede Zange wiegt schwer in der Hand. Jede Kette wurde kunstvoll geschmiedet. Und spätestens im Klinikum, wo das Undenkbare vorstellbar wird, ist klar: »Das Verlies« ist kein Disneyland.

Adresse Erichstraße 41, 20359 Hamburg | **Öffnungszeiten** Führungen Do–So 17–19 Uhr oder nach Absprache, Mindestalter 18 Jahre, www.das-verlies.com | **Tipp** Wer sich auf einer Führung durch »Das Verlies« in ein Accessoire verliebt, wird beim Haus- und Hoflieferanten – der Boutique Bizarre auf der Reeperbahn – fündig.

105 — Das Wallpainting

Rock-Dinosaurier

Zu den betrüblichen Tatsachen dieser Welt gehört, dass Denkmalschutz nicht Schutz des Denkmals bedeutet. Diesen Umstand illustriert das Wallpainting an der Fassade des Musikclubs Gruen sehr eindrücklich. Der Lack ist beinahe ab. Als die Künstler Dieter Glasmacher und Werner Nöfer das Pop-Art-Gemälde 1968 zur Eröffnung des Grünspans an die Wand brachten, traf es auf reges Interesse, galt es doch als das erste Mural in Europa. Das passte prima zu den Superlativen des Grünspans, dem ersten Spot für Rock auf dem Kiez, der ersten Diskothek von ganz Hamburg, dem ersten Club mit eigener Lasertechnik weltweit.

Das dreiteilige Werk von Glasmacher und Nöfer thematisiert die Entstehung unterschiedlicher Jugendbewegungen in der Flower-Power-Ära. Die neuen Strömungen gingen damit auf Distanz zur Beat-Generation, die mittlerweile als zu konformistisch, zu mainstreamig wahrgenommen wurde. Schon damals funktionierte die Simon-von-Utrecht-Straße als imaginäre Grenze zum Kiez. Und so gab das Grünspan über Jahrzehnte verschiedenen Subkulturen Unterkunft. Dank der relativen Abgeschiedenheit flog man hier immer ein wenig unter dem Radar. Das war kein Nachteil für psychedelische Erfahrungen auf legendären Konzerten und sagenumwobenen Partys.

Heute ist das Grünspan nur mehr Veranstaltungsort, aber noch immer unbedingt den Besuch wert. Schon allein um einen Blick auf die schillernde Vergangenheit des 1889 errichteten Gebäudes zu werfen. Die Gründerzeitschönheit beherbergte unter anderem das Vergnügungslokal »Palmengarten«, ein Hippodrom, ein Kino, eine Badeanstalt und einen »Tanz- und Twistclub«.

In den kommenden Jahren werden in direkter Nachbarschaft Wohnungen und Gewerbeflächen entstehen. Der Plan garantiert, das Grünspan ebenso wie das Indra vor Lärmbeschwerden zu schützen und alle als erhaltenswert eingestuften Objekte zu erhalten. Auch das Wallpainting. Schön wär's!

Adresse Große Freiheit 58/Simon-von-Utrecht-Straße, 22767 Hamburg | **Tipp** Hat man Werner Nöfers Strich erst einmal verinnerlicht, erkennt man ihn sofort – zum Beispiel auf den Balkonen der Eisarena.

106 __ Die Waschküche

Wo Jimi Hendrix seine Jacke in die Reinigung gab

Der Duft von Waschmittel und das gleichmäßige Rotieren der Maschinen haben etwas Einschläferndes. Da wird man so müde, wie Jimi Hendrix auf dem Bild des Fotografen Peter Thomsen aussieht. Thomsen schoss es backstage nach einem Konzert in Kiel. Das war im Mai 1967, morgens um halb fünf.

Andere Fotos im Waschsalon zeigen Hendrix bei seinem letzten Auftritt während des Love-and-Peace-Festivals auf Fehmarn im September 1970. Nur zwölf Tage später starb der Musiker, der bis heute als bester Gitarrist aller Zeiten gilt. Im Begleittext erwähnt Festival-Fotografin Frauke Bergemann die bunte Patchwork-Jacke von Hendrix. Sie soll ein Geschenk seiner Großmutter, einer Cherokee, gewesen sein. Seltsam nur, dass Bergemann die Jacke später als Ausstellungsstück an gleich drei Orten wiedersah: in einem Indianermuseum in Seattle, in der NAMA Hall of Fame und im Hard Rock Cafe von Rom.

Über keinen Musiker wurden so viele Legenden erfunden wie über Jimi Hendrix, sagt Rasmus Gerlach, der Initiator der kleinen permanenten Hendrix-Ausstellung. Die Körnchen Wahrheit in den Geschichten sind nicht immer eindeutig auszumachen. Aber dass Hendrix in der Waschküche seine Bühnengarderobe reinigen ließ, ist schon möglich. Als der Musiker im Star-Club gastierte, befand sich in dem Ladenlokal noch eine Schnellreinigung.

Aus dieser Zeit zeigt die Ausstellung einige Werke von – natürlich – Günter Zint. Der machte Ende der 60er Jahre nicht nur als Hausfotograf des Star-Clubs von sich reden, sondern auch als Blattmacher. Die von ihm und Helmut Rosenberg gegründeten »St. Pauli Nachrichten« trafen mit einer Mischung aus Sex und ambitionierten politischen Inhalten den Zeitgeist auf den Punkt. In der Spitze erreichte das Blatt eine Auflage von 1,2 Millionen.

Sitz der hochkarätigen Redaktion (Stefan Aust, Henryk M. Broder, Uli Stein) war die Wohnung über der heutigen Waschküche.

Adresse Hein-Hoyer-Straße 12, 20359 Hamburg | Öffnungszeiten täglich 7–22 Uhr, letzte Maschine 21 Uhr | Tipp Dass man sich an die Hausordnung zu halten hat, erfuhr Jimi Hendrix 1967 im Auto-Parkhotel in der Lincolnstraße 8. Er flog für ungebührliches Betragen auf die Straße.

107 — Der Waschraum der Eisarena

Hamburgs beste Fototapete

Man kennt das: Immer wenn einem der Sinn nach Angeber-Selfies steht, spielt das Wetter mal wieder nicht mit. Doch das ist seit der Sanierung der Eisarena kein Grund mehr, den Kopf hängen zu lassen. Der Unisex-Waschraum der Toiletten funktioniert mindestens so gut wie ein Atelier im ausgehenden 19. Jahrhundert – Landschaftshintergrund inklusive. Dabei knüpft man nicht nur an alte fotografische Traditionen an, sondern auch an die lange Historie des Eislaufens auf St. Pauli.

Bereits 1880 wurde auf dem Heiligengeistfeld längs der Glacischaussee allwinterlich eine künstliche Eisbahn betrieben. Schon damals war sie stets gut besucht und stand als Rollschuhbahn auch während des Sommers zur Verfügung. Generation um Generation hat seitdem Schlitt- wie Rollschuhlaufen auf dem Kiez gelernt. Ab 1936 in Dammtornähe, seit 1973 in den Wallanlagen.

In den 70ern wollte man im Rahmen der Internationalen Gartenschau ganz Planten un Blomen in die modernste und interessanteste Freizeitanlage Europas verwandeln. Die Eisbahn war damals sogar die größte Freilauffläche der Welt. Heute, da sie nur noch in den Top Ten Europas mitspielt, behauptet sie einfach, die schönste der Welt zu sein. Das ist sicherlich übertrieben. Doch Fans der 70er können sich gar nicht genug freuen, dass das typisch knallige, denkmalgeschützte (!) Farbschema bei der Sanierung 2017 beibehalten werden musste.

Für den Umbau hat die Stadt ordentlich in die Tasche gegriffen. Wie das eben so ist, wenn eine technische Anlage 45 Jahre lang höchstens kosmetische Erneuerung erfährt. Doch nun ist alles wieder prima in Schuss. Je nach Gemüt genießen Besucher den Wintertrubel mit Musik und Eisstockschießen. Oder kostenfreies Skaten in relativer Sommerstille. Dann bieten die Außenplätze im Park Café einen noch besseren Landschaftshintergrund als die Fototapete.

Adresse Holstenwall 30, 20355 Hamburg | **Öffnungszeiten** Okt.–März (www.eisarena-hamburg.de), Rollschuhbahn April–Sept. | **Tipp** Das freitägliche Dom-Feuerwerk wird von der Eisbahn gezündet. Die Öffnungszeiten von Planten un Blomen korrespondieren aber nur während des Sommerdoms mit dem Spektakel.

108 Die Washington Bar

Memories are made of this

»Cigarettes and Whisky sind nirgends rar, doch am schönsten war's in der Washington Bar.« Diesen Lobgesang intonieren Nachtschwärmer seit Ewigkeiten – und noch länger Texter und Interpret Freddy Quinn. Der singende Berufshamburger hat eine ganz besondere Beziehung zu der Seemannskneipe in der Bernhard-Nocht-Straße. Anfang der 50er Jahre spielte er hier englische Songs für kanadische Gäste. Es heißt, er hätte sich für diesen Job eine Gitarre leihen müssen. Aber das war wohl keine besondere Herausforderung für Franz Eugen Helmuth Manfred Nidl.

Er pendelte schon früh zwischen seinen Eltern in Wien und den USA, wurde während des Krieges per Kinderlandverschickung nach Ungarn verfrachtet, verbrachte ein Jahr in Antwerpen in einem Heim für Schwererziehbare, bereiste als Artist Südeuropa und Nordafrika und landete schließlich als Countrysänger in Bayern.

Als er endlich nach Hamburg fand, war er gerade mal Anfang 20. Doch das Verrückteste sollte erst kommen. 1954 entdeckten ihn in der Washington Bar die Talentsucher Jürgen Roland (später: »Stahlnetz«) und Werner Baecker (später: »Die aktuelle Schaubude«). Den ersten Hit nahm Quinn bei der Telefunken Gesellschaft für drahtlose Telegrafie m.b.H. auf. »Heimweh« hieß der Song, den Liedtexter und Komponist Ernst Bader Freddy Quinn auf den Leib schrieb.

Kurz zuvor hatte Dean Martin den Song Mindy Carsons – »Memories Are Made of This« – gecovert und eine Million Tonträger verkauft. Quinn und Bader übertrafen seinen Erfolg bei Weitem.

Acht Millionen Mal ging die Scheibe über den Tresen. 14 Wochen führten sie die Charts an. Quinn wurde zum Schlagerliebling der Nation. Ernst Bader schrieb seinen Megahit »Tulpen aus Amsterdam«. Und die Washington Bar hat sich musikalisch zwar dem Heute geöffnet. Aber optisch gar nicht besonders verändert. Noch immer ist sie ein Ort, von dem viele Menschen später sagen, dass es hier am schönsten war.

Adresse Bernhard-Nocht-Straße 79, 20359 Hamburg | **Öffnungszeiten** mietbar,
offene Veranstaltungen siehe www.facebook.com/WashingtonBar | **Tipp** Freddy-Quinn-
Generation, aber keine Lust auf schlechte Musik? Dann ab zur Faltenrockparty – der
Ü-60-Party im Nochtspeicher.

109 Die Wasserlichtspiele

Konzert der einfachen Leute

Mindestens so häufig wie »Auf der Reeperbahn nachts um halb eins« erklingt im Sommer auf St. Pauli die »Fanfare For The Common Man«. Traditionell läutet das Musikstück von Aaron Copland das Wasserlichtkonzert in Planten un Blomen ein. Seit Urzeiten findet das kostenfreie Vergnügen jeden Abend von Mai bis September statt. Die erste Wasserfontäne im Parksee war bereits 1938 zu bewundern. Die Anlage wurde im Rahmen der Internationalen Gartenschauen 1953 und 1963 erweitert. 1973 fand die Veranstaltung zu ihrer jetzigen Form.

Der Regieraum befindet sich in einem kleinen Gebäude vor dem Café Seeterrassen. Geht dort das Licht an, können Zuschauer mit Adleraugen oder gutem Kamerazoom das »Orchester« bewundern. Während die Musik vom Band kommt, werden Wasserorgel und Lichtklavier live gespielt. Beide laufen beeindruckend synchron, wenn man bedenkt, wie träge sich Wasser im Gegensatz zum blitzschnellen Licht verhält.

Durch 99 Düsen schießen die Fontänen in den Nachthimmel. Hunderte Scheinwerfer tauchen sie in bunte Farben. Im Laufe von 30 Minuten wird eine Wassermenge bewegt, wie sie eine Stadt mit 500.000 Einwohnern pro Stunde verbraucht. Wenn die Hauptfontäne ihre maximale Höhe von 36 Metern erreicht, wird das Publikum von einem ganz feinen Sprühnebel benetzt. Das ist besonders in heißen Sommernächten eine willkommene Begleiterscheinung. Der leicht brackige Geruch gehört zum speziellen Zauber. Ausnahmsweise muss auch gar nicht über die Heavy User unter den Smartphonebesitzern gemeckert werden. Wenn sich das Spektakel in Dutzenden und Dutzenden Displays spiegelt, hat das eine ganz eigene Ästhetik.

Alle zwei Wochen wechselt das Programm der Dreiklangsdimension aus Wasser, Licht und Musik. Rein technisch ist die Sommerattraktion mit der Saison 2019 im Heute angekommen: Die Leuchten wurden auf LED umgerüstet. Die Anmutung ist aber so herrlich kitschig wie eh und je.

Adresse Eingang St. Petersburger Straße/Bei den Kirchhöfen, 20355 Hamburg | **Öffnungszeiten** Vorstellungen Mai–Aug. 22 Uhr, Sept. 21 Uhr | **Tipp** Nach dem Farbrausch im Park dürfen die Speisen gern so bunt sein wie die Glasmosaike im »Das Peace« in der Karolinenstraße 14–15.

110 Die Zelle(n) der Davidwache

Ein Ort, den man sich verkneifen sollte

Keinen Cent, allerdings die Freiheit kostet eine Übernachtung in der bekanntesten Polizeiwache Deutschlands. Wer es für eine witzige Idee hält, einmal in einer Ausnüchterungszelle der Davidwache unterzukommen, sollte die Risiken kennen. So wird etwa bei geringstem Verdacht auf instabilen Gesundheitszustand (beispielsweise Volltrunkenheit) ärztliche Hilfe gerufen. Und das kann teuer werden. Auch sind die Zellen in manchen Nächten hoffnungslos überbucht. Dann muss die Kundschaft anderweitig untergebracht werden. Das war schon 1840 so, als das Kiezkommissariat noch an der Ecke zur Kastanienallee zu finden war.

In dem charakteristischen Rotklinkergebäude direkt am Spielbudenplatz sitzt die Wache seit guten 100 Jahren. Für den Look ist Fritz Schumacher verantwortlich. Für den Namen der Volksmund. Erst seit 1970 darf die Wache sich offiziell Davidwache nennen. Übrigens ganz ohne das »s« in der Mitte, das Jürgen Roland in den Titel des Scripted-Reality-Streifens »Polizeirevier Davidswache« schummelte. 1964 war das. Es folgte eine endlose Reihe von Filmen, Reportagen und Vorabendserien über das kleinste Revier Europas. Um gerade einmal 0,7 Quadratkilometer kümmert sich das heutige Polizeikommissariat 15.

Man darf sich von Winzigkeit, musealer Anmutung, medialer Inszenierung, Fanpages und Logo-Souvenirs aber nicht täuschen lassen. Der Job in der Davidwache ist knallhart. Sorgen bereiten vor allem Drogen- und Menschenhandel.

Was hingegen so mancher für den Absturz oder das Abenteuer seines Lebens hält, lässt die Beamten und Beamtinnen kaum mit der Wimper zucken. Dass sich vorn am Tresen im Eingangsbereich lange Schlangen derer bilden, die Taschendiebstähle, Schlägereien und Raubdelikte anzeigen möchten, ist Alltag auf dem Kiez.

Adresse Spielbudenplatz 31, 20359 Hamburg | **Tipp** Wer einen Schlafplatz braucht und keine lieblosen Hostels mag, bucht ein Zimmer in der St. Pauli Lodge. Einfach. Schön. Individuell. Mittendrin. Trotzdem ruhig (www.sankt-pauli-lodge.com).

111 Zimmermanns Werkstatt

Wo richtig, richtig Kino gemacht wurde

Die Liste der Drehorte auf St. Pauli ist so lang, dass selbst Filmtouristen müde werden, sie alle aufzusuchen. Doch das hellgelbe Eckhaus in der Langen Straße ist ein echtes Must-see für Cineasten. Heute befindet sich im Erdgeschoss des gediegenen Altbaus ein edler Schmuckladen. Als noch ein Hutmacher das Ladenlokal betrieb, blätterte der Putz von den Fassaden. Und Wim Wenders wusste sofort, dass dies die ideale Werkstatt für Jonathan Zimmermann war, den unheilbar kranken Rahmenmacher, gespielt von Bruno Ganz. Seinen Kontrahenten Tom Ripley besetzte Wenders kongenial gegen den Strich mit Dennis Hopper. In weiten Teilen hält sich der Film recht eng an die Romanvorlage »Ripley's Game« von Patricia Highsmith. Doch während im Buch bloß eine Szene in Hamburg spielt und der Rest in Paris, drehte Wenders genau andersherum. Und so ist der Film, der ihm den internationalen Durchbruch brachte, auch ein Denkmal für das St. Pauli im Jahr 1976.

Die erste Begegnung seiner Hauptdarsteller sei ein Fiasko gewesen, schrieb Wenders in einem Zeitungsartikel. Die Konfrontation der Männer gipfelte in einer wilden Schlägerei. Danach seien sie verschwunden. Und nach einer durchzechten Nacht auf der Reeperbahn als beste Freunde wieder am Set aufgetaucht. Dennis Hopper, erschöpft von den Dreharbeiten zu »Apocalypse Now« und exzessivem Drogenkonsum, nannte diese Freundschaft später lebensrettend. Auch deswegen gab Wenders, der immer wieder Männerbeziehungen thematisiert, dem Film den Titel »Der amerikanische Freund«. »Ich habe in Hamburg meinen ersten richtigen Film gedreht«, erzählte Bruno Ganz 2018 in einem Grußwort an die Hamburger Programmkinos: »Denn da trug ich einen Regenmantel und hatte einen Revolver in der Tasche. Und das war für mich damals richtig, richtig Kino. Nicht nur so Literaturverfilmung.«

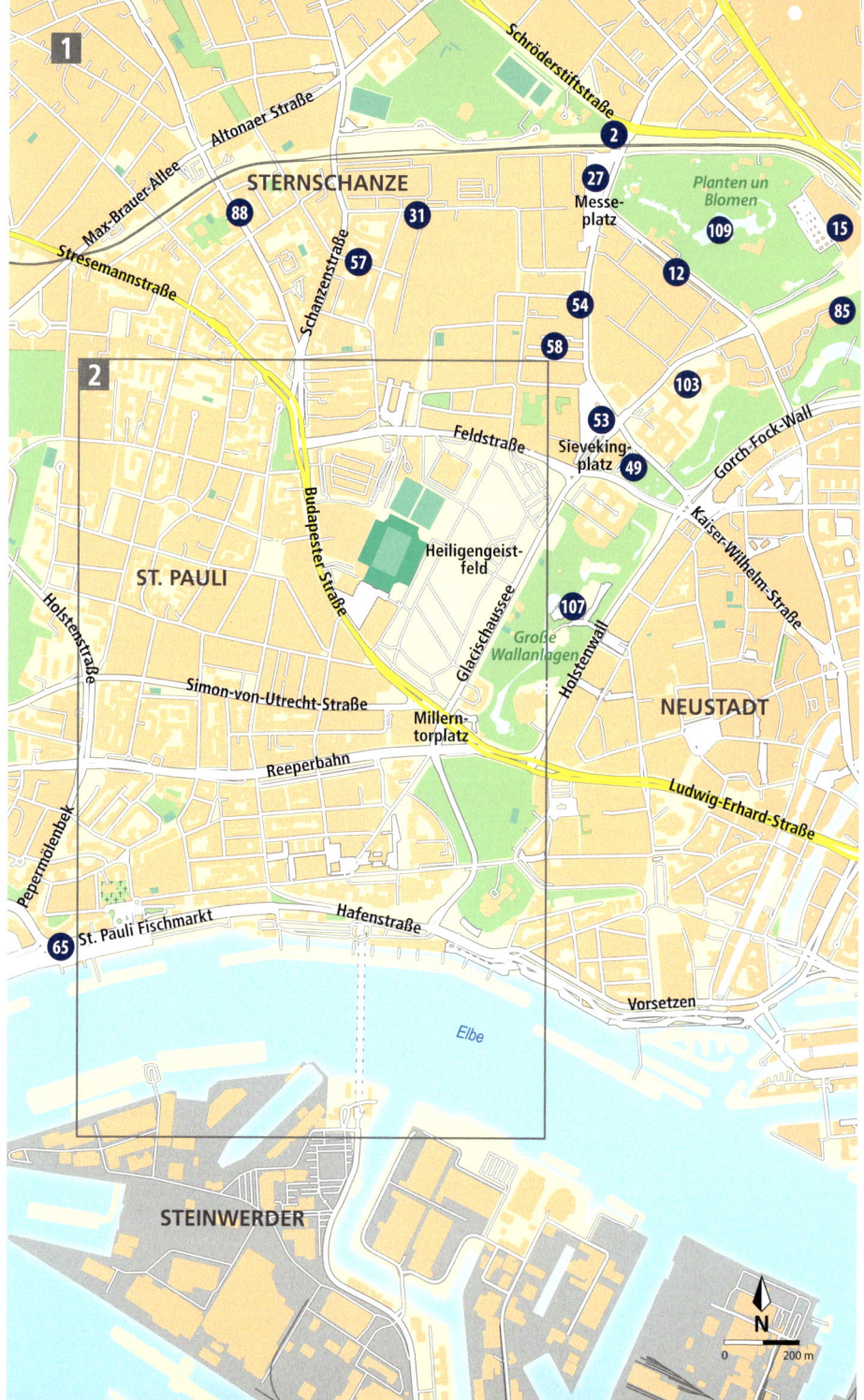

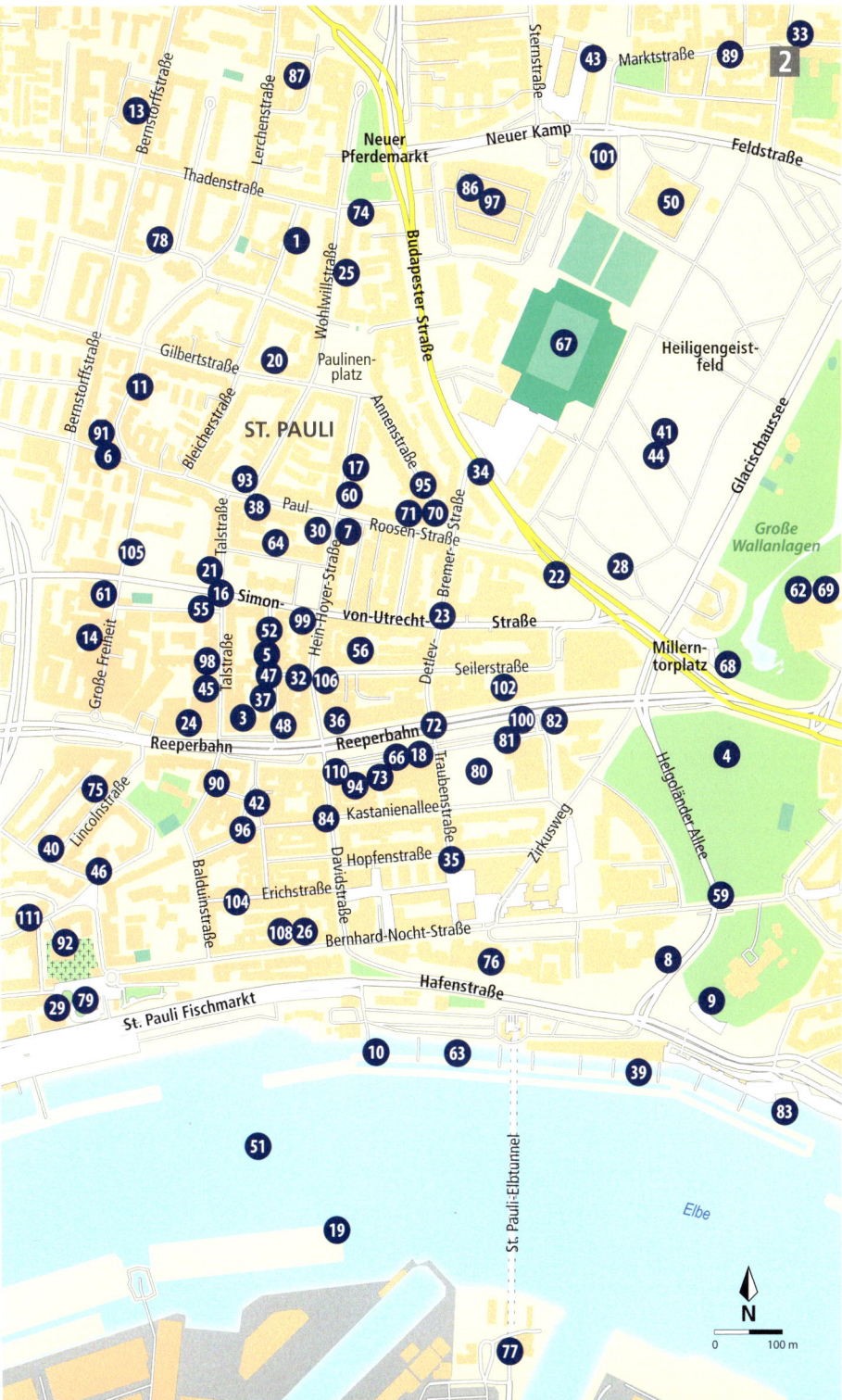

Jochen Reiss
**111 Orte rund um Hamburg,
die man gesehen haben muss**
ISBN 978-3-7408-0564-7

Daniela Clément
**111 Orte für Kinder in Hamburg,
die man gesehen haben muss**
ISBN 978-3-7408-0334-6

Rike Wolf
**111 Orte in Hamburg, die
uns Geschichte erzählen**
ISBN 978-3-95451-418-2

Rike Wolf
**111 Orte in Hamburg, die
man gesehen haben muss**
ISBN 978-3-89705-916-0

Jela Henning, Jens Hinrichsen
**111 Orte in und um Flensburg,
die man gesehen haben muss**
ISBN 978-3-7408-0241-7

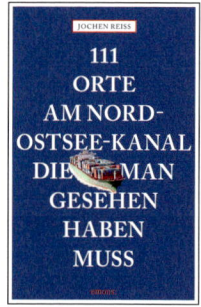

Jochen Reiss
**111 Orte am Nord-Ostsee-Kanal,
die man gesehen haben muss**
ISBN 978-3-7408-0133-5

Alexandra Schlennstedt,
Jobst Schlennstedt
**111 Orte an der Ostseeküste,
die man gesehen haben muss**
ISBN 978-3-89705-824-8

Sina Beerwald
**111 Orte auf Sylt, die man
gesehen haben muss**
ISBN 978-3-95451-511-0

Sina Beerwald
**111 Orte auf Sylt,
die Geschichte erzählen**
ISBN 978-3-7408-0120-5

Jochen Reiss
**111 Orte in Kiel, die man
gesehen haben muss**
ISBN 978-3-95451-705-3

Jochen Reiss
**111 Orte in Nordfriesland,
die man gesehen haben muss**
ISBN 978-3-95451-627-8

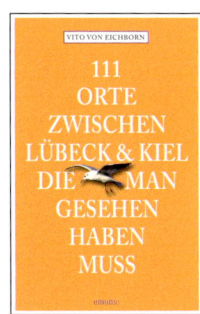

Vito von Eichborn
**111 Orte zwischen Lübeck und Kiel,
die man gesehen haben muss**
ISBN 978-3-95451-339-0

Jana Jürß
111 Orte an der Mecklenburgischen
Seenplatte, die man gesehen
haben muss
ISBN 978-3-95451-536-3

Alexandra Schlennstedt,
Jobst Schlennstedt
111 Orte in Lübeck, die man gesehen
haben muss
ISBN 978-3-95451-564-6

Bernd F. Gruschwitz
111 Orte in Bremen, die
man gesehen haben muss
ISBN 978-3-95451-210-2

Bernd Flessner
111 Orte auf Juist, die
man gesehen haben muss
ISBN 978-3-7408-0548-7

Dorothee Fleischmann,
Carolina Kalvelage
111 Orte im Weserbergland,
die man gesehen haben muss
ISBN 978-3-7408-0341-4

Christine Izeki, Gerald Roemer
111 Orte im Wendland, die
man gesehen haben muss
ISBN 978-3-7408-0352-0

Ingo Stock
**111 Orte auf Spiekeroog, die
man gesehen haben muss**
ISBN 978-3-7408-0339-1

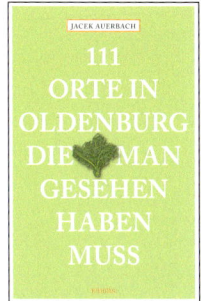

Jacek Auerbach
**111 Orte in Oldenburg, die
man gesehen haben muss**
ISBN 978-3-7408-0249-3

Jochen Reiss
**111 Orte in und um Göttingen,
die man gesehen haben muss**
ISBN 978-3-7408-0730-6

Annett Rensing
**111 Orte in Osnabrück, die
man gesehen haben muss**
ISBN 978-3-7408-0239-4

Norbert Ney, Sonja Bergot
**111 Orte in Ostfriesland, die
man gesehen haben muss**
ISBN 978-3-95451-828-9

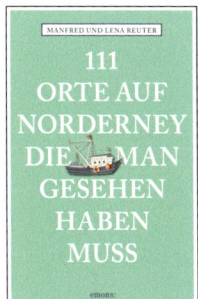

Manfred Reuter, Lena Reuter
**111 Orte auf Norderney, die
man gesehen haben muss**
ISBN 978-3-7408-0130-4

Kirsten Elsner-Schichor
**111 Orte im Harz, die man
gesehen haben muss**
ISBN 978-3-7408-0737-5

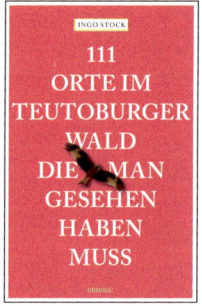

Ingo Stock
**111 Orte im Teutoburger Wald,
die man gesehen haben muss**
ISBN 978-3-95451-859-3

Alexandra Schlennstedt,
Jobst Schlennstedt
**111 Orte in der Lüneburger Heide,
die man gesehen haben muss**
ISBN 978-3-95451-844-9

Cornelia Kuhnert, Günter Krüger
**111 Orte rund um Hannover,
die man gesehen haben muss**
ISBN 978-3-95451-707-7

Axel Klingenberg, Thomas Hackenberg
**111 Orte im Braunschweiger Land,
die man gesehen haben muss**
ISBN 978-3-95451-671-1

Cornelia Kuhnert, Günter Krüger
**111 Orte in Hannover, die
man gesehen haben muss**
ISBN 978-3-95451-086-3

Jela Henning, Jens Hinrichsen
111 Orte in und um Schwerin,
die man gesehen haben muss
ISBN 978-3-7408-0635-4

Maren Kaschner, Anselm Neft
111 Orte auf Rügen, die man
gesehen haben muss
ISBN 978-3-95451-837-1

Alexandra Schlennstedt,
Jobst Schlennstedt
111 Orte an der Ostseeküste
Mecklenburg-Vorpommerns,
die man gesehen haben muss
ISBN 978-3-95451-332-1

René Förder
111 Orte in Sachsen-Anhalt,
die man gesehen haben muss
ISBN 978-3-89705-911-5

Lust auf mehr? Laden Sie sich
die »LChoice«-App runter, scannen
Sie den QR-Code und bestellen
Sie weitere Bücher direkt in Ihrer
Buchhandlung.

Stefanie Sohr fühlt sich seit einem Vierteljahrhundert auf St. Pauli zu Hause. Die Bloggerin und Reisebuchautorin möchte Sie mitnehmen in das Dorf, das niemals schläft. Möchte Sie einladen, die einzigartige Vielfalt zu erfahren und zu feiern. Denn davon lebt das vielleicht bekannteste Quartier in Deutschland: Menschen, die einander leben lassen.

Volko Lienhardt kam als junger Fotograf Anfang der 1990er Jahre nach Hamburg. Seitdem hat er mit dem Schwerpunkt People und Fashion für viele namhafte Magazine und Zeitungen im In- und Ausland gearbeitet. Immer wieder ist er nach St. Pauli zurückgekehrt und schließlich ganz geblieben.